| 光明社科文库 |

现代生活方式：太极拳

——现代太极拳的构建与发展

谢 华◎著

光明日报出版社

图书在版编目（CIP）数据

现代生活方式：太极拳：现代太极拳的构建与发展 /
谢华著 . -- 北京：光明日报出版社，2022.3

ISBN 978 - 7 - 5194 - 6574 - 2

Ⅰ.①现… Ⅱ.①谢… Ⅲ.①太极拳—基本知识
Ⅳ.①G852.11

中国版本图书馆 CIP 数据核字（2022）第 072003 号

现代生活方式：太极拳——现代太极拳的构建与发展

XIANDAI SHENGHUO FANGSHI：TAIJIQUAN——XIANDAI TAIJIQUAN DE
GOUJIAN YU FAZHAN

著　　著：谢　华

责任编辑：郭玫君　　　　　　　　责任校对：崔瑞雪

封面设计：中联华文　　　　　　　责任印制：曹　净

出版发行：光明日报出版社

地　　址：北京市西城区永安路 106 号，100050

电　　话：010 - 63169890（咨询），010 - 63131930（邮购）

传　　真：010 - 63131930

网　　址：http：//book.gmw.cn

E - mail：gmrbcbs@gmw.cn

法律顾问：北京市兰台律师事务所龚柳方律师

印　　刷：三河市华东印刷有限公司

装　　订：三河市华东印刷有限公司

本书如有破损、缺页、装订错误，请与本社联系调换，电话：010-63131930

开　　本：170mm×240mm

字　　数：168 千字　　　　　　　印　　张：15

版　　次：2022 年 3 月第 1 版　　印　　次：2022 年 3 月第 1 次印刷

书　　号：ISBN 978 - 7 - 5194 - 6574 - 2

定　　价：95.00 元

前　言

假如你问一个路人：你知道太极拳吗？他会点点头；接着问太极拳是怎样的？他会手舞足蹈，两手比画着圆；再问怎样才能练好太极拳？那绝大多数人都会摇头：不知道。这说明太极拳早已渗入人们的日常生活，家喻户晓，但大多数人的认识只是停留在表面。这也是写作本书的出发点，即在对大众进行太极拳普及的基础上，培养对太极拳的深度认识，并为今后深入开展太极拳运动，提高大众的健康意识，拥有健康的体魄打下良好的基础。

笔者始终强调，太极拳是可以习得的。这主要取决于两个条件：正确的方向与充分的学习时间。正确的方向包括对太极拳意理的正确认知，也包括选择正确的学习渠道。充分的学习时间就是学习时间充足的意思，换句话就是终身学习。不少人把终身学习作为一种人生目标，那么把个人健康管理的重要手段太极拳归入终身学习之列，也是顺理成章之事。

太极拳对于学习者而言是友好的、开放的，这是其之所以受到大众喜爱的其中一个原因。这里所说的友好，是指太极拳的理论体系在前人的构建下，已经相当完善，并且都已公之于众。武侠小说中的武林秘籍，其实就太极拳而言早已经是公开化了的。太极拳的经典理论名著名篇在本书被反复提及，比如，《太极拳论》《太极拳经》《十三势歌》《打手歌》《十三势行功心解》《太极拳十要》等。在本书，对这些经典著作的发掘与发挥是全方位的，不仅在基本的太极拳理念上，还是在动作要领、功法、心法，甚至是身法、步法上，都可以在太极拳典籍中找到认识的依据。同样地，在社会大众所重视的健康养生与技击上，上述太极拳典籍都是我们认知的出发点和落脚点，也是我们的认识基础。

在健康养生部分，笔者重点提倡太极拳的三观，即基础观（阴阳观）、气机观、养成观。这也是贯通本书的一条主要脉络。只有树立完整的阴阳观、重视身体的气机流注、坚定学习成功的信念，才能收获健康的身心。在太极拳技击部分，我们既要坚信太极拳技击的能力，又要把变革太极拳技击的训练与比赛方式作为适应时代发展要求的必由之路。

目 录
CONTENTS

第一章　太极拳与现代生活 ························· **1**

第一节　太极拳的崛起与发展　1

第二节　他们适合练习太极拳　14

第三节　网络信息社会与太极拳　21

第二章　现代太极拳理念 ························· **27**

第一节　两条路径对接传统文化　27

第二节　太极拳其他典籍与理论框架　33

第三节　阴阳——太极拳的总纲　46

第四节　阴阳下的太极拳理念　49

第五节　太极拳定义及其发展　59

第三章　现代太极拳运动特点 ························· **68**

第一节　太极拳的松柔圆缓　68

第二节　太极拳以意为先　83

第三节　太极拳以腰为轴　91

第四节　太极十三势　96

第五节　太极拳的进阶之路　104

第四章　现代太极拳训练 ┈┈┈┈┈┈┈┈┈┈┈┈┈┈┈ **115**

第一节　基于《太极拳十要》的训练要领　115

第二节　太极拳单项训练　127

第三节　太极拳套路训练　151

第五章　太极拳：健康养生与技击 ┈┈┈┈┈┈┈┈┈ **172**

第一节　太极拳与现代健康、养生　172

第二节　现代太极拳与现代技击　200

后　记 ┈┈┈┈┈┈┈┈┈┈┈┈┈┈┈┈┈┈┈┈┈┈┈ **229**

第一章

太极拳与现代生活

第一节　太极拳的崛起与发展

作为一种武术项目，从杨露禅（1799—1872）在 19 世纪中叶把太极拳（当时叫"绵拳"）带到北京开始，太极拳就以令人惊讶的速度进入大众的生活，而且是全方位地进入人们的生活之中。例如，"四两拨千斤""以柔克刚""绵里藏针"等都是人们耳熟能详的熟语，它们的产生与流行与太极拳有着莫大的关系。中华民族是充满智慧的民族，崇尚的是以弱胜强、以小胜大。"四两拨千斤"等正是迎合了这种民族心理。直到今天，以柔克刚、刚柔相济、绵里藏针、中正安舒等都成为人们脱口而出的常用语。

一、太极拳京城崭露头角

因缘际会，杨露禅在三下陈家沟，历时 18 年的学艺后，大约在 1840 年来到北京，从此太极拳走进了大众的视野。

杨露禅所处的年代

杨露禅（1799—1872）一生经历了清朝的道光（1782—1850）、咸丰（1831—1861）、同治（1856—1874）三个朝代。从杨露禅大约 1840 年进京开始，中国先后发生了第一次和第二次鸦片战争、中英《南京条约》签订、太平天国从建立到衰亡、中俄《瑷珲条约》《天津条约》签订、洋务运动发端、中国民族资产阶级产生等重大社会变迁。作为一介武师，杨露禅无法左右时局，万幸的是，他所代表的太极拳正是在这纷乱的时局中一步一步地迅速发展起来。

杨露禅的儿子杨班侯（1837—约 1892）、杨健侯（1839—1917），孙子杨澄甫（1883—1936）无一不是身处中国非常动荡、纷扰的年代。

来到京城后，杨露禅以其惊人的天赋、高超的技艺和过人的武德迅速折服了藏龙卧虎的京城武林，不仅被冠以"杨无敌"的名号，而且进入清朝的旗营担任武术教官。在冷兵器时代，一个毫无背景的乡村武师在不长的时间内达到这种高度，完全是凭借自己的高超武艺。

清朝大学士翁同龢（1830—1904）（先后担任同治、光绪两帝的帝师）观看杨露禅的精妙武艺后赞叹道："杨进退神速，虚实莫测，身似猿猴，手如运球，犹太极浑圆一体也。"并题写对联相祝贺:"手捧太极震寰宇,胸怀绝技压群英。"从此,杨氏太极拳名满天下,太极拳登上了中华武术的大雅之堂,成为国粹的一部分。

二、杨氏三代对太极拳的改造与传播

杨露禅、杨班侯、杨健侯、杨澄甫祖孙三代的太极拳实践过程,就是近现代太极拳从崭露头角,到探索中发展,再到定型完善并发扬光大的过程。

了解太极拳历史的人都知道,跟随杨露禅学拳的不仅有旗营的士兵与军官,还有不少养尊处优的王公贵族,他们的意志品质不一、身体素质不一,并非都能接受高强度的练习。针对这种状况,杨露禅对太极拳架进行了改造。大致而言,杨露禅减少了许多跳跃与发劲的高难度动作,使动作更为舒展、易练和美观,并突出了太极拳养生的功能。杨露禅对太极拳的改造,奠定了太极拳日后在全世界范围内流行的基础。

杨健侯纪事

杨健侯(1839—1917),名鉴,字健侯,号镜湖,杨露禅的第三子。《永年太极拳志》称其"性情温和,德高望重。杨露禅逝世后,继续在(北)京以教拳为业,并将杨露禅的'大架'修订为'中架',不猛不硬,顺遂圆和,老幼强弱均可练习,传播较广"。健侯的传人"有三子少侯、兆元、澄甫及许禹生等人"。

杨健侯对太极拳发展所起到的作用是巨大的。杨澄甫的85式大架，就是在杨健侯的架子上稍变而成的；定步推手、四正手皆是杨健侯所创；杨氏大履、活步四正手亦为杨健侯所定。

演武只为输赢，是何种劲没人注意。但杨健侯不这么认为，劲要发得巧妙，方为上乘。杨健侯在助其父教拳时，已注意禁止硬力的使用。杨健侯教人们发整劲，学轻灵劲。至此，杨家拳有了自己的风格。杨健侯在执掌杨门帅印之后，将太极拳架也进行了改革。在杨健侯所定的中架里，大量的川子步取代了原来的大杆子步，这样杨氏拳彻底跟陈氏架分了家。

杨班侯（1837—约1892）、杨健侯（1839—1917）为杨露禅之子，在杨氏三代中起到承上启下的作用。杨班侯继承了父亲"杨无敌"的称号，武功卓绝，难逢敌手。杨健侯的太极拳成就同样卓著。其一，杨健侯的太极拳天赋极高，对太极拳的发展具有创造性的贡献。其父杨露禅观其打拳后称赞道："谁是张三丰？你就是张三丰！"其二，杨健侯把他对太极拳的理解，加诸到对太极拳架的改造上。其改造的太极拳架一般称为中架。这种改造，使杨氏太极拳产生了脱胎换骨的变化，使其形式与内涵更接近完美意义上的太极拳要求。杨健侯的太极拳思想与实践又被其子杨澄甫继承和发扬光大。

杨澄甫（1883—1936），杨露禅之孙、杨健侯之子。杨澄甫作为杨氏太极拳的第三代传人，不仅继承了先辈高超的太极拳造诣，而且对太极拳的实践与理论进行了开创性的创新与发展。杨澄甫在杨健侯对太极拳深度改造的基础上，成功定型了一系列太极拳拳架，其中就有杨氏大架（85 式太极拳）。与此同时，杨澄甫还完善与创新了太极拳理论，并热衷于太极拳的传播与普及，为太极拳的创新与发展立下了不可磨灭的贡献。

85 式太极拳

85 式太极拳依动作分割的不同或是传承途径的区别又被称为 108 式、88 式太极拳等。有一种错误的看法，认为 85 式太极拳只是一套"养生架"，其实 85 式太极拳是最集中代表杨氏太极拳精华的一套拳架，是杨氏三代太极拳智慧的结晶。基于其对太极拳的实践与创新，杨澄甫进行了一系列的深度思考与理论创新，创编了《太极拳十要》《太极拳之练习谈》等一系列太极拳理论经典名篇，并创作了《太极拳体用全书》等系列经典著作。可以说，85 式太极拳是最接近太极拳本义的拳架之一。

太极拳套路又被称为"活桩"。杨澄甫创编的 85 式太极拳外在舒展大气、动作轻缓、连贯灵动，内在注重身体整体的照应与互动，意气的运转与流动。练习者能够在相对不太漫长的时间内出现气机现象，进而产生内劲，并逐步达到懂劲阶段。

《太极拳十要》与《太极拳之练习谈》是流传较广且最能代表杨澄甫太极拳思想的两则太极拳理论名篇。《太极拳十要》与王宗岳的《太极拳论》在拳理上一脉相承，是对后者的继承与发展、深化与细化。杨澄甫《太极拳十要》是：虚灵顶劲，含胸拔背，松腰，分虚实，沉肩坠肘，用意不用力，上下相随，内外相合，相连不断，动中求静。《太极拳之练习谈》以接近白话文的文体对太极拳的练习要点进行了介绍，是最平易近人的太极拳经典作品。其与《太极拳十要》相互映衬、补充，都是太极拳理论宝库的重要组成部分。

在杨氏三代中，杨澄甫是推广、普及太极拳成就最卓著者，同时还是现代太极拳史上普及太极拳的第一人。杨澄甫走遍祖国的大江南北。从其出生与成长地的北京城，到上海、南京、杭州等华东地区，一直到南方的广州城，都留下了杨澄甫授拳的身影。杨澄甫的高超拳艺与崇高武德受到社会各界的广泛认可。当时的国民政府原拟聘请其到中央国术馆任职，之后出任浙江国术馆教务长。杨澄甫的执教生涯结下了累累硕果。一般认为杨澄甫有十大弟子，他们分别是：陈微明、李雅轩、郑曼青、田兆麟、牛春明、崔毅士、董英杰、褚桂亭、武汇川、张钦霖。正是在那个动荡的年代，在杨澄甫及其弟子以及其他太极拳门派传人的共同努力下，从达官贵人到普通百姓，太极拳真正走进中国社会的各个层面，为社会各界所熟悉与推崇，并开始逐步走向世界。

杨澄甫的弟子门生

据资料记载，1931 年由文光印务馆发行的《太极拳使用法》中记载有传人 42 人，排除徒孙与杨家后辈，实有 34 人。2006 年人民体育出版社出版的《永年太极拳志》中增加弟子人数 14 人，排除亲属与重复者，实际增加 9 人。即公认的、有记录的传人有约 43 人。另外，听过杨澄甫授课的有上千人。这与 2000 多年前孔夫子弟子三千、七十二贤相映成趣。

三、太极拳的普及推广工作

（一）简化的太极拳 24 式的推出

中华人民共和国成立后，百废待兴。20 世纪 50 年代初，国家进入全面建设阶段，人民的生活质量与健康发展提上了政府工作的议事日程。1952 年，毛泽东发出了"发展体育运动，增强人民体质"的伟大号召。作为增强体质的有效工具之一，人们很自然地把目光投向了太极拳。在国务院副总理兼国家体育运动委员会主任贺龙元帅的亲自主持下，历经数稿，终于在 1956 年发行了中华人民共和国第一部统一的武术教材——《简化太极拳》。《简化太极拳》共有 24 个动作，因此又称为"24 式太极拳"。"24 式太极拳"以杨氏大架太极拳为基础，在其 40 余个动作中选取了 20 余个有代表性的动作进行重新编排，整合为一个套路。

"24 式太极拳"的发行是一项具有历史意义的事件。从此，太极拳走进机关、工厂、学校，出现在操场、运动场和公园等运动与休闲场所，成为人们追求幸福生活、改善体质的一种健康方式。"24 式太极拳"也成为至今为止覆盖面最广，练习者最多的太极拳套路。因此，我们要充分肯定"24 式太极拳"的历史地位和宝贵作用。

"24 式太极拳"动作名称

1. 起势；2. 左右野马分鬃；3. 白鹤亮翅；4. 左右搂膝拗步；5. 手挥琵琶；6. 左右倒卷肱；7. 左揽雀尾；8. 右揽雀尾；9. 单鞭；10. 云手；11. 单鞭；12. 高探马；13. 右蹬脚；14. 双峰贯耳；15. 转身左蹬脚；16. 左下势独立；17. 右下势独立；18. 左右穿梭；19. 海底针；20. 闪通臂；21. 转身搬拦捶；22. 如封似闭；23. 十字手；24. 收势。

对于"24 式太极拳"的争议

反方：缺少了"意气"内容；编排不合理；动作过少，运动量不足。

正方：24 式适合初学者，可以起到锻炼身体的作用，为太极拳的普及奠定基础；起到入门作用，为学习其他太极拳套路打下基础。

继编定"24 式太极拳"后，20 世纪 50 年代体育管理部门还进行了编定"88 式太极拳"等工作。中华人民共和国成立后，有记载的批示过太极拳运动或是练习过太极拳的党和国家领导人有毛泽东、周恩来、刘少奇、邓小平、陈毅、习仲勋、贺龙、温家宝等，邓小平还亲笔写下条幅"太极拳好"。越南领导人胡志明也有在中国学习太极拳的经历。许多名人也与太极拳有交集。华人武打明星李小龙在幼年时跟随父亲练习过太极拳；发明激光照排系统的王选院士是太极拳的忠实粉丝；中国女航天员王亚平在太空中练习太极拳；

等等。

（二）改革开放后太极拳的发展

20世纪80年代前后是太极拳发展的另一个黄金时期，太极拳运动进入国家开展的各项正式体育比赛中，其中既有各个太极拳传统流派的比赛，也有推手比赛等。太极拳发展盛况一直延续到21世纪的今天。太极拳不仅成为人们身体锻炼的重要方式，而且成为人们精神文化生活中密不可分的组成部分，日益融入人们的生活。列举三个经典场景。

邓小平与太极拳

20世纪60年代末到70年代初，65岁的邓小平来到劳动地点——南昌步兵学校，在工厂劳动之余，他十分注重锻炼身体。邓小平的锻炼方式有三种：太极拳、散步、洗冷水澡。强健的体魄为他日后的复出提供了良好的身体条件。1978年11月，邓小平在接见日本友人时挥毫写道："太极拳好！"

场景一：金庸作品中的张三丰形象

改革开放后，港台武侠小说家金庸、梁羽生、古龙等的作品开始进入内地。金庸被誉为中国现代通俗武侠小说的第一人，是全球华人武侠爱好者心目中的"金大侠"。金庸的武侠小说创作主要集中在20世纪50年代初到70年代初。在他的两部优秀作品《神雕侠侣》（1959年开始创作）和《倚天屠龙记》（1961年开始创作）

中，都出现了太极拳创始人张三丰的形象和对太极拳大量引人入胜、细致入微的描写。与许多隔山买牛式的作者不同，金庸在许多太极拳的关键节点上描述非常到位，入木三分，确实不负"金大侠"的美誉。

场景二：2008年北京奥运开幕式上的太极拳表演

2008年奥运会在中国首都北京举行，开幕式由著名导演张艺谋执导。在开幕式的"自然"部分，在武术家王二平等的率领下，来自河南塔沟武术学校的2008个学员进行了太极拳表演。新闻媒体是这样评价太极拳表演的——"奥运开幕式上的太极拳方阵造型采用天圆地方的理念，体现了传统与未来的交融，表现了人与自然和谐相处，达到天人合一的境界。表现了古典与时尚相融的平衡、和谐、自然，行云流水、天人合一的太极神韵，在灵性之中彰显大气与浑厚，平和与典雅，呈现气定神闲、松静自然的生命状态。使人领略到太极拳丰富的文化内涵。"

场景三：李克强总理与莫迪总理共同出席"太极瑜伽相会"中印文化交流活动

2015年5月15日下午，李克强总理与印度总理莫迪在北京天坛公园共同出席了"太极瑜伽相会"中印文化交流活动。在祈年殿前广场上，400余名中印两国的太极、瑜伽爱好者正在练习着。两国总理同教练和练习者亲切交谈，并发表了热情洋溢的讲话。李克强表示，中国的太极拳和印度的瑜伽术是两国古代文化的瑰宝，也是两个东方文明的结晶，至今长盛不衰。虽然二者外在形式有所不同，但对"天""人""心"和谐一体的追求内在相通，都体现了文明与文化的传承和兴旺。莫迪表示，"太极瑜伽相会"活动安排在天坛，寓意十分深刻，体现了印中两个文明古国关系蓬勃发展的新面貌。无论太极还是瑜伽，都可以帮助人们平衡身体、精神和智慧，从容应对各种压力。两国青年人通过练习太极、瑜伽开展交流，增进了解，更体现了文化交流为印中两国关系发展铺路搭桥的作用。

四、太极拳在海外

太极拳不仅受到国人的喜爱，而且日益受到全世界大众的认可。资料显示，全世界有 3 亿人正在练习太极拳，被誉为天下第一运动。从我们的近邻日本、韩国，到远在地球另一端的欧洲和北美，到处都有练习太极拳的人群。太极拳已经成为中国文化的一种符号，并已全面进入各国社会。国外医疗研究机构发现，太极拳不仅有助于各年龄层人们的身心健康，还是许多中老年人疾病康复的手段，许多医生给病人的运动处方就是练习太极拳。一些保险机构给保险人的健康建议也是练习太极拳。

太极拳在海外的传播大致有三种层次或方式。

第一种方式，华人个体或是武馆对太极拳的传播。

20 世纪 30 年代后，杨澄甫的一些弟子门生先后进入香港、澳门以及东南亚、美国、加拿大等海外华人社会。比如，郑曼青、董虎岭等。这些优秀弟子在海外华人等群体中致力推广太极拳文化，并一代一代地传承下去，为太极拳在海外的发展立下了汗马功劳。太极拳海外传播的另一个途径是华人武馆。华人武馆是海外华人社会的一种独特形态。华人武馆传授太极拳的对象是当地社会的所有人群，这对太极拳在海外扩大影响产生了积极作用。有数据显示，外籍人士学习太极拳的场所，有近一半的是在华人武馆。另外，除了以金庸为代表的武侠小说在华人群体的传播与影响之外，还有一种独特的传播方式对于太极拳等中国武术在海外的推广起到巨大作用，这就是以李小龙为代表的"功夫电影"。李小龙的功夫电影几乎传遍世界的每一个角落，让中国功夫在世界范围内达到家喻户晓的程度。其对于太极拳在世界上的推广也起到非常正面的作用。

郑曼青与"郑子太极"

郑曼青（1902—1975），杨澄甫十大弟子之一，是《太极拳体用全书》的执笔者，擅长国画与医术，曾任民国湖南省政府咨议兼国术馆馆长。为便于太极拳的传授、学习，其删减老架的重复招式，精简为三十七式，命名为"郑子简易太极拳"。自著《郑子太极拳十三篇》一书。1949年赴台湾，并在东南亚、美国等地授徒，弟子众多。著有英文太极拳著作，流传甚广，为外国人所推崇。

李小龙和他的功夫电影

李小龙（1940—1973），华人功夫巨星，祖籍广东顺德，出生于美国旧金山。李小龙年幼时随父亲练习太极拳，后师从叶问学习咏春拳。1962年开办国术馆，1967年自创截拳道。1973年在香港逝世，享年33岁。李小龙拍过《唐山大兄》《精武门》《猛龙过江》《龙争虎斗》等4部功夫片，《死亡的游戏》只拍摄到一半。李小龙的影片在全球范围内掀起了功夫热，使中国功夫享誉世界。

第二种方式，改革开放后太极拳再次走出国门。

改革开放使中国焕发了生机。改革开放之初，百业待兴，党和政府继续推动全民健康事业的发展。1978年，邓小平题字"太极拳好"。20世纪80年代初，李连杰主演的《少林寺》在全国和全球播映，再次掀起了一股"功夫热"。这次热潮不仅使少林功夫得到热捧，也推动了太极拳面向全世界的推广。在这次功夫热潮中，有外国人来到太极拳的故乡中国学习太极拳，但更多的是中国的太极拳习练者走出国门，直接向外国推广中国的太极拳。主要的方式有受邀请出国讲学，以及移民国外并在当地普及推广太极拳。

第三种方式，公派讲学与政府交流。

太极拳作为一种文化符号，成为向外国推广中国优秀文化的工具。通过政府间文化交流协议以及在孔子学院开设课程等方式，太极拳走入了国外的研究机构与高等学校，也直接间接地面向了更为广泛的普通大众。

孔子学院

孔子学院是中外合作建立的非营利性教育机构，致力于适应世界各国（地区）人民对汉语学习的需要，增进世界各国（地区）人民对中国语言文化的了解。孔子学院开展汉语教学和中外教育、文化等方面的交流与合作。截至2017年12月31日，全球146个国家（地区）建立525所孔子学院和1113个孔子课堂。

第二节　他们适合练习太极拳

太极拳大方舒展、圆活轻缓的特点，使它成为适合几乎所有人群的锻炼与健身方式。从初生牛犊的小学生、中学生，到充满青春活力的大学生和其他年轻人，再到风华正茂、阳刚正气的中年人、中老年人，以及老当益壮的老年人，在太极拳中找到适合自己身心发展需要的锻炼方式。

一、幼儿与低年级小学生

小学生特别是低年级小学生是个相对特殊的受教育群体。从幼儿园升入小学，孩子们即将面临与以往不同的"世界"，甚至是竞争压力。这时，学生家长最重视的是两方面：学习成绩与身体素质。为提高身体素质与体能，不少家长选择不同的方式提高孩子的体能和身体协调能力。这就给太极拳嵌入小学生素质教育提供了机会。

概括而言，太极拳参与小学生素质教育，一是可以进行丰富的中国传统文化教育，从阴阳到太极，中国古老的哲学思想融汇在太极拳文化体系中；二是太极拳可以提高孩子们的行动能力。太极拳不仅可以培养孩子们的身体协调性，同时还可以培养孩子们的耐力和意志力。

在向幼儿园与小学低年级学生推广太极拳时可以充分借鉴跆拳道等优势运动项目的经验。跆拳道不仅建立了完整的适应各个年龄段的青少年甚至学龄前儿童的运动教育体系，而且具有非常成熟的和渗透率很高的运动推广体系。

跆拳道及其推广

跆拳道起源于朝鲜半岛，是现代奥运会的正式比赛项目之一。跆拳道是一项体现东亚文化内涵的韩国武术项目，以"始于礼，终于礼"的武道精神为基础，脚法占了70%，有套路25套。近年来跆拳道风靡国内，在大中小学学生中广泛传播。尤其在北京、上海、广州等大城市，跆拳道基本覆盖了幼儿园、小学等年龄段，成为培养孩子勇敢精神与运动能力的重要教育手段之一。

二、少年与青年

青少年是学习太极拳的最重要群体。青少年时期不仅是人生观从萌芽、建立到巩固的阶段，也是各项身体机能逐渐健全与完善的阶段。开展青少年太极拳教育，既是太极拳本身发展壮大的需要，更是青少年素质全面发展的需要。

视点一：武侠文化熏陶下的青少年

青少年学习中国传统武术，很大程度上是因为受到武侠文化氛围的影响。武侠小说、武侠电影与电视剧，使中国的青少年从小就沉浸在独特的武侠氛围与梦想中。绝大多数青少年的武侠梦最为纯净，既不是为了打架斗殴，也不是为了打擂赚钱，行侠仗义几乎成为他们武侠梦的全部。作为近年来关注度最高的武术种类，太极拳自然而然地成了青少年学习中国传统武术的重要选择。

20世纪90年代后的太极拳影视作品

《太极张三丰》（1993），动作电影，袁和平导演，李连杰、杨紫琼、钱小豪、袁洁莹等主演；《功夫小子闯情关》（1996），武侠喜剧电影，袁和平、张鑫炎导演，吴京、钟丽缇等主演；《太极宗师》（1997），古装动作电视剧，张鑫炎、袁和平导演，吴京、樊亦敏、于海、王群、周比利、惠英红等主演；《少年张三丰》（2002），武侠情感电视剧，梁德龙导演，张卫健、李冰冰、李小璐等主演；《太极》（2008），武打电视剧，蔡晶盛导演，赵文卓、林峯、吴美珩、胡杏儿等主演；《广府太极传奇》（2010），武侠动作连续剧，曹荣导演，黄圣依、谭耀文、扬子等主演。

视点二：青少年从学习太极拳中得到的益处

作为承载了众多中国优秀传统文化的武术种类——太极拳，青少年可以在学习与练习中得到满满的收获。

一是文化层面。太极拳的理论基础是中国古代的老庄哲学与阴阳理论，道家思想是中国古代自成一体的哲学思想。青少年通过学习太极拳，可以触摸到中国古老文化最核心的部分。并且知行合一，不仅在理论上，而且会在身体实践中体会到中国传统文化的博大精深。

二是思维层面。受到阴阳并存、对立与相互转化，刚与柔的对立统一关系等思想的影响，青少年通过练习太极拳，可以使自己的思想与思维得到极大的提高。

三是身体素质层面。练习太极拳可以让青少年获得良好的身体协调性，为从事其他运动或是工作、生活打下良好的身体基础。与一般的运动项目不同，练习太极拳可以让青少年获得出色的敏捷力与惊人的爆发力，关键时刻可以起到避险作用。练习太极拳还可以起到舒缓精神压力的作用，帮助青少年解决当代社会普遍存在的身体与精神上的亚健康问题。总之，学会太极拳如同找到陪伴终生的良师益友，让青少年无论是身体还是精神层面都处在强者的地位。

视点三：什么样的青少年才能学好太极拳

学习太极拳对青少年各方面的素质有着较高的要求，而达到这些要求的过程，就是青少年素质提高的过程。具有以下特征的青少年才能学好太极拳。

一是要个性完善，尊重师长。一个人的个性完善，说明他会遵纪守法，说明他不会恃强凌弱，说明他可以拿捏事物的轻重缓急，并具备形成较高武德的主客观条件。社会竞争日益激烈，作为一个太极拳练习者，必须守住做人的底线，掌握高人一筹的本领。师者之所以为师，是因为他穷尽一生的智慧与体悟方可成就自己的太极拳事业。只有对师长发自内心地尊重，才能得到其真传，接过师长的衣钵。

二是要有恒心与毅力。太极拳是一项需要恒心与毅力的运动。要把人们后天形成的拙力逐步去掉，要使人们的体格变得柔韧协调，要使人的内劲从无到有，再到饱满充盈、收放自如，都需要长时间的雕琢与磨炼。"太极十年不出门"其实是对太极拳锻炼过程的真实描述。

三是勤于思考，增强悟性。太极拳是开放性最高的传统武术之一，《太极拳论》与《太极拳十要》等经典论著把太极拳的心法、练法与用法等不传之密都公之于众。面对如此丰富的宝藏，青少年只要勤于思考，用心领悟，笃于践行，就一定能掌握太极拳的真谛。

视点四：青少年怎样才能学好太极拳

青少年想要学好太极拳，就要做到以下四点要求。

一是明白拳理。太极拳实践建立在太极拳理论之上。青少年在学习太极拳之初，就要认真学习太极拳典籍，初步掌握太极拳理论。这样在日后的练习中理论与实践相结合，拳艺才可以得到较快的提高。

二是寻找明师。明师的明是明白的明。明师有着清晰完整的太极拳理论体系，有着高超的太极拳水平，同时明白青少年在太极拳学习过程中经常出现的问题以及解决方法。最关键的是，明师不会人云亦云，而是坚守自己正确的太极拳理念。

三是注重修为。笔者认为，太极拳是一种"自学拳"。中国有一句传神的谚语："师傅领进门，修行在个人。"青少年学习太极拳，要在师长言传身教的启发下，在太极拳理论的指导下，戒除惰性，立足于自身对太极拳的思考与理解，提高对太极拳运动的领悟能力，培养对太极拳的悟性。

四是循序渐进。青少年太极拳运动能力的提高，从起步阶段到初步掌握，从初步掌握到熟练运用，从熟练运用到更高的阶段，是一个漫长的、循序渐进的过程。对太极拳理论的认识与掌握也同样如此。太极拳是一项终生的事业。青少年在其人生中，不论从事何种职业，也不论身处何方，只要太极拳放在重要的位置，就一定可以令自己终身受益。

三、中年与老年人

中老年是学习太极拳人数最多，学习效果最好的群体。中老年是人生的黄金时期。这个群体既有年富力强的中年人，也有富有人生阅历的老年人，他们中的许多人是社会的中坚力量，是社会正常运转的基础。他们大多具有坚定的意志品质，还有不少人具有一定的社会经济基础，并且十分关注自己的身体状况。因此，包括太极拳在内的各种运动锻炼方式逐渐成为他们生活中的一部分，他们也成为各种运动场所的常客。

中老年人进行太极拳运动的好处是显而易见的。

其一，身体机能的改善。中老年人都要面对一个事实，就是自己的身体机能正在逐渐地下降。这是不以人的意志为转移的客观规律。练习太极拳可以延缓这种机能下降的速度，甚至还可以恢复部分失去的机能。而且令人意想不到的是，太极拳还可以培养一些中老年人原先不具备的机能。比如，练习太极拳的人不容易崴脚。当踩到坑洼或沟坎时，身体会自动调整重心，防止扭伤。又比如，经常练习太极拳的中老年人内气丰满，脚步轻盈，可以拥有更好更高的生活质量和预期。

其二，精神上的调节作用。强调松柔、轻缓的太极拳运动，对人的精神具有良好的涵养与调节作用。现代社会生活给人巨大的压力，许多中老年人因为一些主客观因素，经常处在一定的紧张状态中。医学证明，长期处在精神紧张状态，不仅容易引发焦虑症等精神性疾病，而且容易罹患胃病，引发高血压，甚至导致癌症。太极拳恰恰可以比较充分地调节人的精神状态，舒缓各种精神压力，从而起到预防甚至辅助治疗各种中老年人疾病的作用。

中老年人练习太极拳具有自己的特点。

一是中老年人学习太极拳的目的最明确，学习自觉性最高。中老年人拥有丰富的人生阅历，同时有着稳重的心态，对于自己追求的目标有着比较全面的认识与思考。这些特点体现在太极拳学习上，就是他们大多具有明确的学习目标，有着比较坚定的学习意志，学习的自觉性与学习效果都较好。中老年人一般比较容易接受太极拳理论，丰富的生活阅历和常识有助于他们对太极拳理论的理解。这种认真的学习态度使他们能够在相对短的时间内体验到太极拳运动对身体带来的益处，这反过来也增强了中老年人学习太极拳的兴趣。

二是中老年人学习太极拳要从浅开始，由浅入深。与运动能力强、模仿能力强的青少年不同，中老年人学习太极拳应该从浅开始，由浅入深。从浅开始有两个含义。一是练习套路可以从"24式太极拳"开始，打好基础后再深入学习其他传统套路。二是在学习中要更为注重循序渐进。功架可以更高一点，减少运动量和对身体各个关节的压力。可以从单式开始，熟练后再进行串联动作。整个学习周期可以更长一些。

三是不可放松对太极拳理论的学习。掌握太极拳理论是学好太极拳的前提，绝不是可有可无的。各流派的太极拳理论典籍是学习太极拳的丰厚土壤。中老年人潜心学习典籍可以丰富自己的太极拳知识，指导自己的太极拳实践，甚至可以弥补部分传授者在传授中出现的疏忽或不足，达到事半功倍的学习效果。

第三节　网络信息社会与太极拳

现代科学技术尤其是网络信息技术的飞速发展，使人类迅速进入网络信息社会。网络信息社会作为一种新形态，产生了新的社会思想、新的社会人群、新的社会规则。在网络信息时代，人们的交往方式与认识世界、获取知识的渠道发生了巨大的改变，并逐渐地与以往的熟人社会相告别。许多原有的事物在网络信息社会中都发生了程度不同的改变。不管原有的事物显得多么完整与美妙，都必须适应新的社会形态才能得到社会的认同，自身才能得到生存与发展。早已成为中国文化一分子的太极拳，在网络信息时代同样是机会与挑战并存。

一、网络社会与太极拳发展

所谓信息社会，是以电子信息技术为基础，以信息资源为基本发展资源，以信息服务性产业为基本社会产业，以数字化和网络化为基本社会交往方式的新型社会。传统武术太极拳必须主动适应网络信息技术的特点，才可以在新的社会形态中立足与发展。可喜的是，太极拳作为一个整体，已基本融入这种现代感十足的新型社会形态中。

网络信息社会中的太极拳有如下一些特点。

一是信息网络为太极拳的"教"与"学"搭建起沟通的桥梁。

如果把太极拳的教与学当作是供与求，那么，网络为供求双方的沟通搭建起了桥梁。太极拳"教"的一方主要包括各级武术协会、大中小学体育教学、老年活动中心、太极拳武馆以及社会上以个人身份执教的教练等。太极拳"学"的一方主要包括大中小学生、青少年爱好者、中老年爱好者，以及各年龄段的身负疾患者，想通过各种运动恢复健康者等。一般规模较大，运作规范的太极拳推广机构都建立了自己的网站。他们一般具有提供教学信息及普及太极拳知识两种功能。另外，不少机构和太极拳资深爱好者还在社会影响力较大的 APP 上建立公众号，通过微信、微博、博客等对太极拳进行推广，以种种方式树立太极拳的良好形象。相应地，太极拳学习者也可以通过网络的方式学习太极拳知识，拓宽眼界，寻找到适合自己要求的太极拳学习渠道。

二是信息网络为太极拳提供了"展示"平台。

太极拳的理论与实践具有系统性强、开放程度高等特点，为广大爱好者提供了良好的学习便利。不少太极拳推广机构与资深太极拳教练将太极拳理论典籍和其他学习资料放在网上供爱好者学习、浏览。一些比较艰涩难懂的经典还会加上注解，这样就照顾到了学习程度不一的爱好者。另外，一些有较高水平的、达到懂劲或以上程度的资深太极拳练习者，也经常在网络的各种平台上发表一些见解，其中不乏令人耳目一新的真知灼见，令初学者得到较大的帮助，也令同行们受到不小的启发。

三是信息网络为太极拳的交流提供了便利。

太极拳是一个需要在交流中提高的项目。所谓"师傅领进门，修行在个人。""修行"不仅需要爱好者下苦功勤加练习，也需要爱好者在大量正确信息的引导下进行深入的独立思考。这种思考的过程就是"领悟"甚至"顿悟"的过程。信息网络为太极拳爱好者提供了非常丰富的信息与众多的交流渠道。太极拳流传日广，练习者人数激增。爱好者对太极拳的思考日益深入与细化，不少人还乐于把他们的独到见解发表到网络上，与广大拳友分享。这就为爱好者的学习提供了丰富的养分。网络交流方式也非常丰富，有 QQ、微信、微博、博客、论坛、网站、公众号等。信息网络的发展使太极拳爱好者获得了充分的学习、交流平台，为他们吸取传统的与现代的太极拳知识创造了良好条件。

二、网络社会对武术的高要求

改革开放 40 多年，中国的社会经济得到了巨大发展，人民的生活水平得到了极大提高。生活水平的不断提高促使更多的人把目光投向提高自己的生活质量，包括保持自己的身体健康上。作为一种被国内外和社会各界所公认的促进身体健康的最佳手段之一，太极拳自然受到更多大众的关注，其中不少人持高度认可的态度。不少人包括为数众多的青少年，仰慕太极拳的威名，通过各种途径认真地学习太极拳。巨大的社会需求使得太极拳专业或是半专业的太极拳教练的人数也在急剧增加，因此难免良莠不齐。加上我国逐渐进入网络信息社会，太极拳界许多本身固有的问题逐渐被聚焦与放大。网络社会犹如一个放大镜，可以放大与显现许多事物的不足与阴影。但也正是因为有这样一面镜子的存在，太极拳也迎来了涤荡污垢、焕发新生的良机。

太极拳是一个主观认受性非常强的武术项目。现有的行业标准并不能客观反映太极拳从业人员的技术水平。现有的太极拳教育教学渠道也不能满足社会对专业教练的巨大需求。除大学体育院校（含师范类院校体育专业）培养了一部分教练外，太极拳运动的传承在相当程度上仍然沿用"师傅带徒弟"的方式。这种传承方式容易使得不合格人员进入太极拳教练的行列。

目前教练队伍中存在的问题主要有：一是专业技能不足。太极拳是一种传统文化与武术项目。除明师的引导外，自身还要经历艰苦的身体磨炼过程和思维提高过程，才可能取得一定的成就。在商品社会下，不少人急功近利，学了点皮毛就以大师自诩，自立宗派的不在少数，其最终目的就是经济利益。恰恰这些人的表现欲极强，幻想着一鸣惊人，极容易造成太极拳形象的破坏；二是表演欲强，形象尽失。一些有一定能力的太极拳练习者同样基于经济利益而误入歧途，把拳术当杂耍，在舞台或影视作品中进行各类表演。这类表演本身有投机取巧的嫌疑或是经不起认真的推敲，再现率与重复率很低，或是表演内容超出人们的普遍认知，难免受到社会大众的质疑与诟病；三是修养与武德缺失。崇高的武德要求习武者具有高尚的道德情操，必须注重一言一行对自身以及太极拳事业的影响，共创文明和谐社会。

毋庸置疑，太极拳成为一些人追逐名利的名利场，正是这些人败坏了太极拳的形象与声誉。网络社会有"放大器"的作用，当网络上的某个事件与人们的潜意识相吻合时，这个事件就会成倍数地，甚至是爆炸性地进行传播。

"打假"是一个良好的网络传播主题，几乎所有的以打假名义进行的网络事件都会得到公众不同程度的回应。太极拳本身也希望借助打假清理、纯洁太极拳队伍，把"假、大、空"者清除出去。在打假的同时，为太极拳的发展创造一个良好的社会和网络环境。让优秀的太极拳文化得到发扬与传播，以弘扬民族优秀文化，让太极拳成为造福全人类的健康事业。

三、网络社会推动太极拳发展

随着信息技术的飞速发展，我们已然走进了网络时代。在网络时代，太极拳练习者应该善于做加法和乘法。要善于运用博客、微博、微信等自媒体，在论坛、贴吧上积极开贴、留言，普及太极拳知识，宣传太极拳的正能量，致力传播太极拳的丰富内涵和实践经验，探讨太极拳理论。要维护太极拳的声誉，不给社会不良分子落下诋毁太极拳的口实。同时，作为开放型网络社会的重要组成部分，太极拳要勇敢地面对各种批评与责难，并以正面的感召力去赢得网络社会的理解与支持。

太极拳要敢于在网络社会"试水"，加大在信息社会宣传太极拳正能量的力度。在主流网络媒体推广太极拳，一方面有宣传自身的目的，更重要的是向大众普及太极拳知识。总体而言，目前太极拳界在主要媒体上进行了积极的推广，但仍存在一些不足。网络上缺乏旗舰型的太极拳推广机构，需要加大相关工作的整合力度，建立一批分别面向各个层次各种要求、覆盖国内国外的大型太极拳媒体与推广机构。面对一些比较大的网络事件，主流太极拳媒体要勇敢地表明态度，尽量减少和消除不良事件的影响。

　　我们生活在信息化时代，各项事业正在深化改革。作为社会文化中的太极拳，也面临着改革的要求。我们无须避讳网络社会对于太极拳的压力，要化压力为动力，主动变革，让太极拳这一中华民族的文化瑰宝重新焕发出动人的风采。

第二章

现代太极拳理念

第一节　两条路径对接传统文化

以杨露禅三下陈家沟为标志，太极拳的重新崛起历时约 200 年，并成为中华优秀传统文化的杰出代表。太极拳通过两条路径与中华传统文化尤其是道家文化紧密地联系在一起。同样地，中华优秀传统文化为太极拳提供了造福人类的人文背景与文化根基。

一、道家思想与太极拳

道家思想的孕育、发展、成熟，与中华文明史相重叠，直到春秋时代由老子总结前人的智慧，正式形成系统、完整的道家思想。老子认为，"道"就是世界的根本哲理，"道"是宇宙万物的本源，"道"是宇宙万物赖以生存的依据。"道生一，一生二，二生三。万物负阴而抱阳，冲气以为和。"（《道德经》第四十二章）由"道"派生出"阴阳"，又由阴阳衍生出万物。"阴阳"因此成为道家文化的最核心概念之一。"太极"一词初见于《庄子》："大道，在太极之上而不为高；在六极之下而不为深；先天地而不为久；长于上古而不为老。"之后《易传》有："易有太极，是生两仪。"太极逐渐成为道家思想体系的重要概念，并衍生出太极图等符号。太极拳建立在道家思想上，同时也融入一些儒、释（佛家）思想，这与中国的民族文化传统是一致的。但目前流行的太极拳并不是道教文化的一部分。道家与道教是有一定区别的。

张三丰，名君宝，道号三丰，是元末明初道教的代表性人物，被公认为武当山道教文化的创始人。张三丰同时是学养深厚的道教理论家，其代表作《无根树》是词曲化的道教名作，广受赞誉。明末清初著名思想家黄宗羲在其《王征南墓志铭》中的"夜梦玄帝授之拳法，厥明以单丁杀贼百余"句，一般被认为是张三丰创造太极拳的佐证。到近现代，张三丰被杨氏、吴氏、武氏等太极拳门派奉为太极拳的创始人。特别是进入现代社会之后，张三丰作为一种文化元素和艺术元素大量地进入小说与影视作品中，被广大社会公众认为是太极拳的代表性人物。

黄宗羲《王征南墓志铭》节选

少林以拳勇名天下，然主于搏人，人亦得而乘之。有所谓内家者，以静制动，犯者应手即仆，故别少林为外家。盖起于宋之张三峰。三峰为武当丹士，徽宗召之，道梗不得进。夜梦玄帝授之拳法，厥明以单丁杀贼百余。三峰之术，百年之后，流传于陕西，而王宗为最者。温州陈同从王宗受之，以此教其乡人。由是流传于温州。嘉靖间，张松溪为最著。松溪之徒三四人，而四明叶继美近泉为之魁。由是流传于四明……继槎传柴玄明、姚石门、僧耳、僧尾。而思南之传，则为王征南。

陈氏太极拳与陈王廷

陈王廷（约1609）又名陈奏庭，系明末文庠生、清初武庠生，文武双全，曾只身闯玉带山，劲阻登封武举李际遇叛乱，为清廷在山东平定盗匪立过战功……陈王廷报国无门，收心隐退。在耕作之余，依据自己祖传之一百单八式长拳，博采众家精华，结合易学上有关的阴阳五行之理，并参考传统中医学中有关经络学说及导引、吐纳之术，发明创造出了一套具有阴阳相合、刚柔相济的新型拳术，包括太极拳五路、炮捶一路、双人推手及刀、枪、棍、剑等器械套路。

二、王宗岳《太极拳论》："拳"与"理"完美融合

王宗岳《太极拳论》

太极者，无极而生，动静之机，阴阳之母也。动之则分，静之则合。无过不及，随曲就伸。人刚我柔谓之"走"，我顺人背谓之"粘"。动急则急应，动缓则缓随。虽变化万端，而理唯一贯。由着熟而渐悟懂劲，由懂劲而阶及神明。然非用力之久，不能豁然贯通焉！

虚领顶劲，气沉丹田。不偏不倚，忽隐忽现。左重则左虚，右重则右杳。仰之则弥高，俯之则弥深，进之则愈长，退之则愈促。一羽不能加，蝇虫不能落，人不知我，我独知人。英雄所向无敌，盖皆由此而及也！

斯技旁门甚多，虽势有区别，概不外乎壮欺弱，慢让快耳！有力打无力，手慢让手快，是皆先天自然之能，非关学力而有为也！察"四两拨千斤"之句，显非力胜；观耄耋能御众之形，快何能为？！

立如平准，活似车轮。偏沉则随，双重则滞。每见数年纯功，不能运化者，率皆自为人制，双重之病未悟耳。

欲避此病，须知阴阳。粘即是走，走即是粘。阴不离阳，阳不离阴；阴阳相济，方为懂劲。懂劲之后，愈练愈精，默识揣摩，渐至从心所欲。

本为"舍己从人"，多误"舍近求远"。所谓"差之毫厘，谬之千里"，学者不可不详辨焉！是以为论。

王宗岳的《太极拳论》一般认为最早出自武氏太极拳创始人武禹襄发现的一本太极拳著作中。王宗岳的生卒年份不详，有人考证是明万历年间人，也有人认为是清乾隆年间人。其为何方人士也尚待考证。一般认为王宗岳的代表作有《阴符枪谱》《太极拳论》《十三势歌》《打手歌》等，尤其是《太极拳论》，至今被各家太极拳认为是太极拳理论的集大成者，并被尊崇为太极拳理论的最高典籍。

王宗岳《太极拳论》大致有如下内容与杰出贡献。

一是指明了太极拳的道家理论依托。

　　《太极拳论》开宗明义，"太极者，无极而生，动静之机，阴阳之母也"。"无极"就是"道"，是一种最原始与虚无的状态，之后过渡到"动静"开始前的"太极"状态，再因有所"动静"而由"太极"状态进入"阴阳"状态。这里的"太极"既指出了太极拳命名的因由，也指出了太极拳的起始与最终的状态，就是一种从"无"到"有"再到"无"的过渡阶段。

　　二是具有朴素的阴阳辩证观。

　　《太极拳论》中有三处对于阴阳的描述："动静之机，阴阳之母""欲避此病，须知阴阳""阴不离阳，阳不离阴；阴阳相济，方为懂劲。"文中的阴阳有这样几层含义：首先，指事物本身存在的状态。阴阳既是事物的本质属性，也指事物的存在状态。阴阳可以演化出无穷尽的对立关系和对立概念，阴阳同时是无限多的事物的本身，事物都是以阴阳的形式而存在；其次，阴阳是太极拳的一种运动方式。只有深谙阴阳哲理，方能掌握太极拳的精髓；最后，太极拳具有朴素的阴阳辩证观。《太极拳论》中阴阳结合，共处一体，相互补充，相互转化，从哲学层面上指导了太极拳实践，具有非常重要的理论意义和实践意义。

　　三是建立了太极拳的独有概念及其理论体系。

　　《太极拳论》在"阴阳"理论基础上，建立了太极拳的独有概念及其理论体系。比如在"人刚我柔谓之'走'"句，引进了"刚柔"这一对概念。并指出在太极拳的实际运用中，"人刚我柔"是以"走"的形式体现出来的。比如"虚领顶劲"句，揭示了太极拳练习时的一种重要身体要求，并间接地触及了"意"的概念。如何去虚"领"，只能用"意"去"领"。比如"一羽不能加，蝇虫不能落"句，揭示了太极拳练习者技能纯熟后出现的某种身体感知能力。比如"偏沉则随，双重则滞"句，引入了太极拳中的"双重"概念。并指出练习者之所以会犯"双重"的错误，是因为其没有清晰掌握"阴阳"原理所致。再比如"四两拨千斤""舍己从人"，都是太极拳的重要概念与竞技特点，是太极拳区别于其他传统武术的标志性概念之一。

四是揭示了太极拳的学习方法与过程。

其一，太极拳练习划分为三个阶段，分别是"着熟，懂劲，神明"。"由着熟渐悟懂劲，由懂劲而阶及神明"。"着熟"就是"招式熟练"之意。要达到"着熟"的要求，练习者必须进行大量的、艰苦的、长时间的训练。"懂劲"也是太极拳的专用术语。《太极拳论》中说，"阴不离阳，阳不离阴；阴阳相济，方为懂劲。"这个解释相对抽象，普通练习者不容易理解。现在一般指练习者经过长期的"着熟"训练后，对于太极拳有所领悟，大致了解太极拳的劲路要求，可以进行一些简单的发劲动作。高级的"懂劲"练习者，可以产生澎湃的劲力，已经具有比较强大的搏击能力。太极拳的最高等级是"神明"。"神明"是太极拳练习者的最高目标！

太极拳的"神明"

"神明"的产生过程是——"懂劲后愈练愈精，默识揣摩，渐至从心所欲。""神明"是"懂劲"阶段后的一种飞跃，其对于太极拳各种能力的掌握与运用已经达到随心所欲的程度。在"神明"阶段，浑身处处皆太极，一举一动皆是"法"，甚至可以达到以武入道的目的。

其二，太极拳学习的"顿悟性"。在上述三个学习阶段中，太极拳练习者的进阶过程是顿悟性的。《太极拳论》中说道："然非用力之久，不能豁然贯通焉！"太极拳是一种杜绝各种投机取巧的传统武术，其学习的过程是："用力之久"——"默识揣摩"——"豁然贯通"。

太极拳练习中的"顿悟"

在学习太极拳的过程中，练习者首先是要经过经年累月的，在正确掌握动作要领前提下的苦练，同时要在刻苦学习各种太极拳经典理论的基础上一边练习一边勤于思考。最后是在上述两者的基础上产生了"顿悟"，也就是"豁然贯通"。这时，练习者会在突然之间恍然大悟——哦，太极拳原来如此！

《太极拳论》指明了太极拳运动的心法、练法、用法，是太极拳运动的鸿篇巨制。《太极拳论》连同以老子、张三丰两位巨擘为代表的道家文化，如同两条金丝带，将太极拳运动与中国传统文化紧紧地联系在一起，为中国文化和世界文化以及人类的健康事业做出了无与伦比的贡献。

第二节 太极拳其他典籍与理论框架

多部经典名篇名著支撑起太极拳的理论大厦。其中的顶梁柱是前面所述的王宗岳《太极拳论》，另外几根巨柱分别是张三丰《太极拳经》与王宗岳《十三势歌》及武禹襄《十三势行功要解》。王宗岳《太极拳论》建构起太极拳的理论框架，以阴阳理论为标志，树立起太极拳的总纲。其后的几篇则也是不可缺少的支柱，以丰富的细节和深厚的匠心，把太极拳理论这座大厦装点得绚丽无比。到了近代，杨澄甫先生的两篇佳作，《太极拳十要》与《太极拳练习谈》，则以通俗易懂的语言再次对太极拳理论进行了可贵的诠释与总结，为后人留下了宝贵的太极拳理论遗产。

一、张三丰《太极拳经》

张三丰《太极拳经》最早出现在杨氏太极拳家族编纂的一部著作中。《太极拳经》大致有以下四层意义。

张三丰《太极拳经》

一举动，周身俱要轻灵，尤须贯穿。气宜鼓荡，神宜内敛，无使有缺陷处，无使有凸凹处，无使有断续处。其根在脚，发于腿，主宰于腰，形于手指。由脚而腿而腰，总须完整一气。

向前退后，乃得机得势。有不得机得势处，身便散乱，其病必于腰腿求之。上下前后左右皆然。凡此皆是意，不在外面。有上即有下，有前即有后，有左即有右。如意要向上，即寓下意，若将物掀起，而加以挫之之意，斯其根自断，乃坏之速而无疑。虚实宜分清楚，一处有一处虚实，处处总此一虚实。周身节节贯穿，无令丝毫间断耳。

长拳者，如长江大海，滔滔不绝也。十三势者，掤捋挤按，采挒肘靠，此八卦也。进步、退步、左顾、右盼、中定，此五行也。掤捋挤按，即坎离震兑，四正方也。采挒肘靠，即乾坤艮巽，四斜角也。进退顾盼定，即金木水火土也。

原书注云：以上系武当山张三丰祖师所著，欲天下豪杰，延年益寿，不徒作技艺之末也。

一是整体论。"节节贯穿""滔滔不绝""无使有缺陷处，无使有凸凹处，无使有断续处"。就是说在练习太极拳时要环环相扣，连绵不断，这是练习太极拳的最基础要求之一。练习动作时要起伏有度，圆活有序，平缓舒展。动作转换时不可断裂和突兀。

二是腰主宰论。"根在脚，发于腿，主宰于腰，形于手指"，"由脚而腿而腰，总须完整一气"。太极拳练习者劲的起源是脚，劲的运行顺序是"脚→腿→腰"，其过程不能散乱与分离，必须"完整一气"。腰是所有动作的"主宰"，而这种主宰作用要通过"手"和"指"体现出来。如果练习者的身形出现"散乱"，那肯定是"腰腿"的动作连接上出现了问题。

三是意念论。"凡此皆是意。"在练习过程中，在进行"上下""前后""左右"等相互对立的动作时，都要靠与动作相反方向的"意"来引导。比如要把对手向上发出，则意念是在下方，以起到向上掀起的功效。

四是十三势与八卦五行论。太极十三势与"八卦""五行"相契合。十三势中，"掤、捋、挤、按、采、挒、肘、靠"，与八卦相契合，又称"太极八法"。而"进、退、顾、盼、定"，则对应于"金、木、水、火、土"五行。

张三丰《太极拳经》的精髓主要就是上述的整体论、腰主宰论、意念论、十三势与八卦五行论，论述的精妙与独到使其在太极拳经典文化中占据了重要的历史地位。

二、《十三势歌》《十三势行功要解》《十三势行功心解》

《十三势歌》作者是王宗岳，《十三势行功要解》作者是武禹襄，后者是对前者的注解。

王宗岳《十三势歌》

十三总势莫轻视，命意源头在腰隙。

变转虚实须留意，气遍身躯不稍滞。

静中触动动犹静，因敌变化示神奇。

势势存心揆用意，得来不觉费功夫。

刻刻留心在腰间，腹内松静气腾然。

尾闾中正神贯顶，满身轻利顶头悬。

仔细留心向推求，屈伸开合听自由。

入门引路须口授，功夫无息法自修。

若言体用何为准，意气君来骨肉臣。

想推用意终何在，益寿延年不老春！

歌兮歌兮百四十，字字真切意无遗。

若不向此推求去，枉费功夫贻叹息。

《十三势歌》以七言歌诀的形式，以精练的语言对太极拳的内涵进行了精辟的诠释。以每句 7 言，每行 14 字为 1 段，全歌分为 12 段，后人一般只解读前 10 段。

第 1 段，"十三总势莫轻视，命意源头在腰隙。"太极拳又称十三势长拳。此段要求练习者切莫轻视太极拳的意念中心所在："腰隙"之间或是说"腰隙"附近。这是太极拳练习者的命源所在。同时，这里也是意念的集聚点。

第 2 段，"变转虚实须留意，气遍身躯不稍滞。"此段要求练习者在行拳时留意虚实的转换，同时"意气"流转于全身，不得有片刻的停滞。

第 3 段，"静中触动动犹静，因敌变化示神奇。"此段是说，太极拳以静为本，静中含动，动中寓静，动静结合。兵法云，"以正合，以奇胜"。在动静变幻之间，可以神奇般地战胜敌人。

第 4 段，"势势存心揆用意，得来不觉费功夫。"心者，意也。此段是说，练习者在行拳时要把"意"放在首位，每一个动作每一个转折都要用意来引导，这样坚持下去可以轻易地获得太极的劲力，也就是太极的功夫。

第 5 段，"刻刻留心在腰间，腹内松静气腾然。"此段呼应第 1 段和第 2 段。只要练习者把主要注意力放在腰间，同时保持松静状态，那么腹部的气机就会回转升腾，并流转于全身。

第 6 段，"尾闾中正神贯顶，满身轻利顶头悬。""尾闾中正"与"顶头悬"是练习时对腰以上直到头顶的躯干形体以及对练习者意念上的要求。身形要中正、安舒、挺拔。在意念上，头顶要向上领起，同时浑身要轻快敏捷，切不可呈滞重状。

第7段，"仔细留心向推求，屈伸开合听自由。""心"即为意，"屈伸开合"指的是太极拳动作。此段是说练习者要认真体验、领会与研究"意"在太极拳中的作用。当意的运用符合太极拳的要求时，太极拳练习者才能达到自由自在、随心所欲的境界。

第8段，"入门引路须口授，功夫无息法自修。"此段是说，太极拳练习者在入门阶段必须追随懂得拳理的"明师"，拜师学习。同时必须具有恒心。必须坚忍地、不间断地习练太极拳，这样自然会修得太极拳的"正果"，取到太极拳的"真经"。

第9段，"若言体用何为准，意气君来骨肉臣。"此段是说，在太极拳的学习与练习中的法则与准绳。熟练于"意气"的运用与提高才是太极拳的主要的、根本性的问题，而对于身体、筋骨等外在方面的锻炼与提高是次要的、从属性的。

第10段，"想推用意终何在，益寿延年不老春！"此段是说，练习太极拳的终极目标是什么呢？绝非为了在争斗与搏斗中取胜，而是为了使人们"延年益寿"、永葆青春。为人类的健康服务才是太极拳的终极目标！

与张三丰《太极拳经》相比，两者都强调了"腰"和"意"的作用，但后者特别注重"意"的作用，对于"意"的要求与解读贯穿于全篇。除此之外，《十三势歌》引入了"尾闾中正"与"顶头悬"等太极拳身法的要求，同时要求练习者拜"明师"、下苦功，以真正地掌握太极拳功夫。

武禹襄的《十三势行功要解》是对《十三势歌》的解读，其中有许多独到、精辟的见解，令人获益匪浅。比如"行气如九曲珠，无微不到""往复须有折叠，进退须有转换""心为令，气为旗，神为主帅，腰为驱使"等名句，都令学习者获益良多。

武禹襄《十三势行功要解》

以心行气务沉着，乃能收敛入骨，所谓"命意源头在腰隙"也。

意气须换得灵，乃有圆活之趣，所谓"变转虚实须留意"也。

立身中正安舒，支撑八面；行气如九曲珠，无微不到，所谓"气遍身躯不稍滞"也。

发劲须沉着松静，专注一方，所谓"静中触动动犹静"也。

往复须有折叠，进退须有转换，所谓"因敌变化示神奇"也。

曲中求直，蓄而后发，所谓"势势存心揆用意，刻刻留心在腰间"也。

精神能提得起，则无迟重之虞，所谓"腹内松静气腾然"也。

虚领顶劲，气沉丹田，不偏不倚，所谓"尾闾正中神贯顶，满身轻利顶头悬"也。

以气运身，务顺遂，乃能便利从心，所谓"屈伸开合听自由"也。

心为令，气为旗，神为主帅，腰为驱使，所谓"意气君来骨肉臣"也。

　　武禹襄的《十三势行功心解》同样是对《十三势歌》的注解，是《十三势行功要解》的姊妹篇，行文与要义相近，但其中亦有不少极为出彩之语。比如，"行气如九曲珠，无微不至。运劲如百炼钢，何坚不摧""蓄劲如开弓，发劲如放箭""极柔软，然后极坚刚""全身意在精神，不在气，在气则滞。有气者无力，无气者纯刚"等名句，体现了武禹襄的朴素阴阳辩证观和坚实的太极拳素养。武禹襄的《十三势行功要解》和《十三势行功心解》都是太极拳传之久远的经典名著，都是太极拳的宝贵精神财富之一。

武禹襄《十三势行功心解》

　　以心行气，务令沉着，乃能收敛入骨。以气运身，务令顺遂，乃能便利从心。精神能提得起，则无迟重之虞，所谓头顶悬也。意气须转换得灵，乃有圆活之趣，所谓变转虚实也。发劲须沉着松静，专注一方。立身须中正安舒，支撑八面。行气如九曲珠，无微不至（气遍身躯之谓）。运劲如百炼钢，何坚不摧。形如搏兔之鹘，神如捕鼠之猫。静如山岳，动如江河。蓄劲如开弓，发劲如放箭。曲中求直，蓄而后发。力由脊发，步随身换。收即是放，放即是收。断而复连，往复须有折叠。进退须有转换。极柔软，然后极坚刚。能呼吸，然后能灵活。

　　气以直养而无害，劲以曲蓄而有余。心为令，气为旗，腰为纛。先求开展，后求紧凑，乃可臻于缜密矣。

　　又曰：彼不动，己不动。彼微动，己先动。劲似松非松，将展未展，劲断意不断。又曰：先在心，后在身。腹松气敛入股。神舒体静，刻刻在心。切记一动无有不动，一静无有不静。牵动往来气贴背，而敛入脊骨。内固精神，外示安逸。迈步如猫行，运劲如抽丝。全身意在精神，不在气。在气则滞，有气者无力，无气者纯刚。气若车轮，腰如车轴。

三、《太极拳十要》《太极拳之练习谈》

杨澄甫是现代太极拳的缔造者和奠基人。他走遍祖国的大江南北，不辞辛劳地传播着太极拳火种，为太极拳走向全国乃至全世界做出不可磨灭的贡献。杨澄甫不仅有着坚实的太极拳实践能力，而且著述颇丰，具有丰厚的太极拳理论素养，在太极拳理论发展史上起到承前启后的作用。杨澄甫的太极拳理论贡献主要体现在他的《太极拳体用全书》《太极拳十要》《太极拳练习谈》等名著名篇中。

杨澄甫的《太极拳十要》对传统太极拳理论进行了精辟的继承、梳理与创新。"十要"中既有对太极拳外在的动作与身法方面的论述，也有对太极拳内功心法方面的阐释。其主要内容与价值有下面三方面。

一是对太极拳理论的继承、梳理与创新。

"要"即要领、要旨之义，"十要"即十个要旨。杨澄甫先生把太极拳的练法、身法、心法等各项要求浓缩为十个要领，简明扼要，易学易记，是对太极拳理论的一项创举。在这十个要旨中，既有直接沿用前人的研究成果，也有对前人成果的思考与提炼，以及杨澄甫先生的一些独创见解和对其他内家拳法的借鉴。"虚灵顶劲"来自王宗岳《太极拳论》；"用意不用力"则是对前人思想的提炼与升华；"含胸拔背""沉肩坠肘"来源于武禹襄的《身法八要》。"含胸拔背"与"力由脊发"等太极拳要领相互勾连。"沉肩坠肘"在其他内家拳法中亦有记载与运用，属于内家拳的共同内容与要领。

二是身法上的要求。

身法在《太极拳十要》占据了四要，分别是排在一、二、三、五位的"虚灵顶劲""含胸拔背""松腰""沉肩坠肘"。身法是太极拳各个动作，也就是"招"的基础。在王宗岳的《太极拳论》中，"招熟"是排在太极拳进阶过程中第一位的，这就要求在太极拳练习时必须具有动作的精准度与到位度。在上述四要中，分别对练习者的头部、胸背部、腰部和肩臂部进行了具体的要求。显然这是练习者动作是否正确的检验标准，甚至可以决定练习者能否踏入太极拳的雄伟殿堂。

三是心法上的要求。

心法，是指太极拳练习时的意识活动。"十要"中除四项身法上的要求以外，都是心法上的要求。它们分别是"分虚实""用意不用力""上下相随""内外相合""相连不断"和"动中求静"。其中的虚和实、意和力、上和下、内和外、动和静等五对概念是相对立的概念，本质上都是一种阴阳关系，都可以运用阴阳理论进行辩证与分析。

杨澄甫《太极拳十要》

一、虚灵顶劲

顶劲者，头容正直，神贯于顶也。不可用力，用力则项强，气血不能流通，须有虚灵自然之意。非有虚灵顶劲，则精神不能提起也。

二、含胸拔背

含胸者，胸略内含，使气沉于丹田也。胸忌挺出，挺出则气拥胸际，上重下轻，脚跟易于浮起。拔背者，气贴于背也，能含胸则自能拔背，能拔背则能力由脊发，所向无敌也。

三、松腰

腰为一身之主宰，能松腰然后两足有力，下盘稳固；虚实变化皆由腰转动，故曰："命意源头在腰隙"，有不得力必于腰腿求之也。

四、分虚实

太极拳术以分虚实为第一要义，如全身皆坐在右腿，则右腿为实，左腿为虚；全身皆坐在左腿，则左腿为实，右腿为虚。虚实能分，而后转动轻灵，毫不费力；如不能分，则迈步重滞，自立不稳，而易为人所牵动。

五、沉肩坠肘

沉肩者，肩松开下垂也。若不能松垂，两肩端起，则气亦随之而上，全身皆不得力矣。坠肘者，肘往下松坠之意。肘若悬起，则肩不能沉，放人不远，近于外家之断劲矣。

六、用意不用力

《太极拳论》云：此全是用意不用力。练太极拳全身松开，不使有分毫之拙劲，以留滞于筋骨血脉之间，以自缚束，然后能轻灵变化，圆转自如。或疑不用力何以能长力？

盖人身之有经络，如地之有沟（壑），沟（壑）不塞而水行，经络不闭则气通。如浑身僵劲满经络，气血停滞，转动不灵，牵一发而全身动矣。若不用力而用意，意之所至，气即至焉，如是气血流注，日日贯输，周流全身，无时停滞。久久练习，则得真正内劲。即《太极拳论》中所云："极柔软，然后能极坚刚"也。太极拳功夫纯熟之人，臂膊如绵裹铁，分量极沉；练外家拳者，用力则显有力，不用力时，则甚轻浮，可见其力乃外劲浮面之劲也。不用意而用力，最易引动，不足尚也。

七、上下相随

上下相随者，即《太极拳论》中所云："其根在脚，发于腿，主宰于腰，形于手指，由脚而腿而腰，总须完整一气"也。手动、腰动、足动，眼神亦随之动，如是方可谓之上下相随。有一不动，即散乱也。

八、内外相合

太极拳所练在神。故云："神为主帅，身为驱使"。精神能提得起，自然举动轻灵。架子不外虚实开合。所谓开者，不但手足开，心意亦与之俱开；所谓合者，不但手足合，心意亦与之俱合。能内外合为一气，则浑然无间矣。

九、相连不断

外家拳术，其劲乃后天之拙劲，故有起有止，有续有断，旧力已尽，新力未生，此时最易为人所乘。太极拳用意不用力，自始至终，绵绵不断，周而复始，循环无穷。原论所谓"如长江大河，滔滔不绝"，又曰"运劲如抽丝"，皆言其贯穿一气也。

十、动中求静

外家拳术，以跳踯为能，用尽气力，故练习之后，无不喘气者。太极拳以静御动，虽动犹静，故练架子愈慢愈好。慢则呼吸深长，气沉丹田，自无血脉偾张之弊。学者细心体会，庶可得其意焉。

（笔录：陈微明）

事实上，在《太极拳十要》中，身法与心法是融合在一起的。在上述"虚灵顶劲""含胸拔背""松腰""沉肩坠肘"等身法要领中，必须结合练习者的意识活动才能达到其要求。而在"分虚实""用意不用力""上下相随""内外相合""相连不断"和"动中求静"等的心法要领中，也必须结合到具体的动作才有意义。

武禹襄《身法八要》

含胸，拔背；

提顶，吊裆；

裹裆，护肫；

松肩，沉肘。

杨澄甫在《太极拳之练习谈》中，采用了近代白话文形式对太极拳进行了细致、全面的讲解，循循善诱，通俗易懂，是现代太极拳理论文献中不可多得的佳作。《太极拳之练习谈》中的第二、第三自然段主要劝导学习者要端正学习态度，切实遵循太极拳规律进行练习。学习中不仅需要耐心，更需要刻苦的态度与持之以恒的决心。第四、第五自然段主要讲授学习太极拳的先后次序与基本要领。其后罗列了学习时的五个注意事项。

《太极拳之练习谈》的内涵是近现代太极拳理论的自然延续，其重申了太极拳练习的各项要旨与要领，并体现了杨澄甫先生对广大练习者的热切关怀，以及为了太极拳的传播与发展不辞辛劳的博大胸怀。

第三节　阴阳——太极拳的总纲

中华文明是 5000 年间世界上唯一不间断地延续下来的人类文明。几千年来，无论外族如何摧残，无论外敌如何强大，中华民族和中华文明都顽强地奇迹般地生存下来，并不断地发展壮大。由阴阳等学说构成的易学是中华文明千百年来的精神支柱之一。阴阳作为中国传统哲学话语体系中的事物存在与发展方式以及事物间的联系与关系，已经嵌入中华文明的每一个细胞中，成为我们解读包括太极拳在内的博大精深中华文化的标尺与依据之一。

一、阴阳的定义

如前所述，在中国古代哲学中，阴阳既是世间万物本身，也是世间万物之间的关系。《易传·系辞上》中写道，"是故易有太极，是生两仪"。"两仪"即"阴阳"。在这里，万物的起源顺序大致是易（无极）→太极→两仪（阴阳）。老子《道德经》第 42 章写道：

"道生一、一生二、二生三、三生万物。万物负阴而抱阳，冲气以为和。"其中的"二"即为"阴阳"。这里的万物起源顺序是道（无极）→一（太极）→二（阴阳）。由此可见，中国古代道家思想中的万物起源说是高度一致的。

阴，古文字写作"侌"。"侌"字从今从云，意为"正在旋转团聚的雾气"。阳，古文字写作"昜"。"昜"意为"发散气体"。古人是从物质世界的本质——"气体"和气体的"运动"这两个角度来定义"阴阳"的。因此，古人不称"阳阴"而称"阴阳"。阴阳的顺序是阴在前，在下；阳在后，在上。宋代周敦颐《太极图说》写道，（阴阳）"二炁交感，化生万物"。天之阳炁下降，地之阴炁上升，阴阳二炁交感，化生出万物。

二、阴阳辩证关系

通过观察阴阳图和辨识阴阳的本义，中国古代哲学家和易学家们发现了建立在对立统一原理上的阴阳之间的辩证关系。

大致而言，阴阳之间存在着四对关系：阴阳对立、阴阳转化、阴阳消长、阴阳互根。

阴阳对立，是说阴阳所代表的概念在语义上是相互对立的，近似于修辞上的"反义词"。比如，天与地，美与丑，刚与柔，强与弱，上与下，动与静，明与暗，等等。这些对立的概念，界限是相对清晰的，是事物中截然相反的两方面。这是阴阳之间的最根本属性。阴阳两者的区分中，一般升腾的、发散的为阳，比如上述的天、美、刚、强、上、动、明等为阳；一般内收的、含蓄的为阴，比如上述的地、丑、柔、弱、下、静、暗等为阴。

阴阳转化与阴阳消长。阴阳的存在方式是一种动态的平衡，绝非静止的、固化的，而是处在不断的运动与发展变化之中，并存在着向对方转化的趋势。比如昼与夜这一对阴阳关系，随着时间的流逝，昼可以转换为夜，夜同样也可以转换为昼。又比如春夏与秋冬这一对阴阳关系，也会随着时间的过去，相互转化。"物极必反"是形容这种阴阳关系的恰当词语。

阴阳互根，是说阴阳双方都以对方的存在为自身存在的条件，没有阴就无所谓阳，没有阳也就不存在阴。阴阳共处一体，形成一个相对闭合的系统。比如天是相对于地的，没有天就不存在它的对应物地，没有地也不会存在天这个概念。又比如美是相对丑而言的，没有丑就无所谓美，没有美也不会映射出丑。《内经》中云："孤阳不生，独阴不长。"意思是说，当一个事物只有阴没有阳，或是只有阳没有阴，那么这个事物就是不存在的，或是处在寂灭的状态之中。

三、太极拳与阴阳

作为中华传统文化的重要组成部分，太极拳"自带"阴阳属性，太极拳的所有概念都与阴阳原理相契合。

在太极拳中，除了一些基本概念与定义以外（这些单独概念也可以自成一个阴阳体），几乎所有的技术动作与技术要求都涉及对立的概念，都可以用阴阳原理加以诠释。阴阳原理对太极拳的覆盖之全面、之深入，在中华优秀传统文化中并不多见。

太极拳中的概念都以"成对"的形式出现，恰好对应了各自的阴阳关系。比如"虚与实""意与力""刚与柔""动与静""内与外""开与合""粘与走"等。上述这些对应的太极拳概念都与阴阳原理与阴阳关系高度契合。这些概念相互对立、相互依存、相互转化，共处一体，不可或缺。在太极拳实践中，只有牢记这些关系，遵循这些关系，才能循序渐进，去芜存菁，真正掌握太极拳原理。为了纠正学习过程中出现的忽视阴阳关系的偏差，《太极拳论》中专门使用了"双重"等概念。要克服与纠正"双重"等对太极拳认识与实践的不足，就需要切实遵循阴阳原理这个唯一的解决之道。

在上述对立的阴阳概念中，"虚"为阴，"实"为阳；"意"为阴，"力"为阳；"柔"为阴，"刚"为阳；"静"为阴，"动"为阳；等等。在阴阳原理中，阴在前（先导性），在下（基础性），阳在后，在上。而在道家思想中，带有明显的崇水、崇下思想，比如"滴水穿石"等。同样地，在太极拳的阴阳关系与练习体系中，"虚""意""柔""静"等作为阴的部分，也属于先导性、基础性的概念，具有相对特殊的和优先的意义。

第四节 阴阳下的太极拳理念

一、阴与阳

"太极者，无极而生，动静之机，阴阳之母也。"

——王宗岳《太极拳论》

释义：无极衍生了太极，在太极之中又孕育着最初始的静与动。

世界呈现出万籁俱静的状态。恰恰在寂静出现的同时，也化生出"静"的对立物——"动"。这种动与静相互作用的机缘，是阴阳的一种体现，并且逐步演化出世间的阴阳与万物。

辨析：《太极拳论》开宗明义，把太极拳建基在道家的阴阳理论之上。阴阳理论作为太极拳的基本原理，彻底融入太极拳的方方面面。太极拳之所以称为"文化拳"，这是原因之一。

太极拳的起势动作，与这一语句的次序是高度吻合的。太极拳起势一般要求双脚自然分开，微闭双目，入静3~5秒，让神意彻底放松到"虚无"状态。之后手指微动，人的状态由静到动，以意去领动完成后续的动作。起势开始时的这个入静动作完成得是否完美和到位，关系到整个套路的动作质量。有经验的"明师"都会反复强调这一要点。

"欲避此病，须知阴阳。……阴不离阳，阳不离阴；阴阳相济，方为懂劲。"

——王宗岳《太极拳论》

释义：要想避免这种弊病（双重），就必须懂得阴阳的原理。……阴阳同体，相互勾连，阴离不开阳，阳也离不开阴，阴阳以对方的存在为自身存在的条件。阴阳是相互补益的关系，相互支持与扶持对方的存在。只有明白这个道理，才能达到"懂劲"的程度。

辨析：《太极拳论》中指称的阴阳，是太极拳所有对立关系的总称。这些对立关系包括动与静、虚与实、意与力、刚与柔、开与合、内与外等。这些关系都可以用阴阳原理去解释与替代。要避免"双重"的弊病，就必须知晓阴阳的原理。要达至"懂劲"这个太极拳的中级目标，就必须谙熟阴阳之间的关系，并达到运用自如的程度。

二、静与动

"太极者，无极而生，动静之机，阴阳之母也。动之则分，静之则合。"

——王宗岳《太极拳论》

释义：从无极到太极，再到产生一丝静与动的端倪，进而衍生出阴阳与万物。而在太极拳中，静意味着"聚"，意味着"合"，动则意味着"散"与"分"。

辨析：此处出现了两组动与静语句，分别代表两种意义。排在前面的"动静"，是引入阴阳概念后所描述的万物从无到有的一个过程，后面出现的"动"与"静"则是直接切入太极拳的技术动作中。行拳时，"静"是相对于"动"而言的。在"静"的状态下，劲力与神意是聚集的、内收的；在"动"的状态下，劲力与神意是发散的、外放的。行拳时，动静在不断地进行切换，劲力与神意也在不断地交替进行着聚集与外放。练习者正是在这种不断地交替与变换中，劲力与神意的丰沛度和质量都得到了切实的提高。

"静中触动动犹静，因敌变化示神奇。"

——王宗岳《十三势歌》

释义：在安适、静谧的外在形态与意念中，我们操持着不同的太极拳动作。但即使是在做这些动作时，也会不由自主地流露出平静、恬淡的外在形态与意念。在与敌人对峙中，我们会根据敌人的不同动态进行着动与静的形态变化，并且收到神奇的效果。

辨析：静是内家拳、太极拳的本义，静是阴，是聚，是合，是内敛。动是静的对立物，是阳，是散，是分，是张扬。对于"静中触动动犹静，因敌变化示神奇"这句话，要分三个层次进行解读。其一，太极拳是崇尚阴阳平衡的拳种，但这种平衡不是普通意义上的，没有经过"改造"的平衡，而是去除僵劲与拙力后的更高层次的平衡。因此，对于普通人和初学者而言，首要的任务是要学会"静"，并在符合太极拳要求的"静"的基础上开始"动"的动作。其二，太极拳是讲求内敛的拳种，以静以阴为本，即使在"动"的时候都宛如处在"静"的状态中，给人一种安逸、内动的观感。正是这种静中有动、动中带静的技术特点，可以培养出太极拳的内在功力。其三，《打手歌》中云，"引进落空合即出"。意思是说，当拳手把对手的力道引偏后，做出"合"的意念与动作时，可以把对手发放出去。而"静之则合"说明"静"也有"合"的效果，也就是说当拳手守静时，同样可以把对手发放出去。当敌人触动到守"静"状态的拳手时，往往会应手而出，如触电般被发放出去。因此，动静变幻之际可以给敌人带来意料之外的打击。

"十、动中求静……太极拳以静御动，虽动犹静……"

——杨澄甫《太极拳十要》

释义：杨澄甫《太极拳十要》中的第 10 要是"动中求静"。太极拳可以用"静"来驾驭或制衡"动"。而在太极拳的"动"之中，也要带有浓重的"静"的意味，提倡以安逸、清静的神态和意念进行"动"的演绎。

辨析："动"可以十分暴烈，可以来势汹汹。但在太极拳中，能够克制与驾驭"动"的恰恰是它的对立面——"静"。处在"静"的状态中，可以贮存、累积自身的劲力，可以仔细地观察"动"的细节，可以寻找到"动"的弱点与漏洞，并一举克制住"动"。"静"是太极拳的本质之一，拳手在"动"的时候，也要动中带静，以静领动，安逸、平静地进行着"动"。这一点可以体现在太极拳练习时的轻缓与悠长中。

三、虚与实

"变转虚实须留意，气遍身躯不稍滞。"

——王宗岳《十三势歌》

释义：在行拳时要时时刻刻小心留意虚实的转换。与此同时，意气流转全身，没有丝毫的停滞。

辨析：虚为阴，为本，为无，为空。实为阳，为末，为有，为满。行拳的过程就是阴阳转换的过程，由虚转换到实，再由实转换到虚，在这种阴阳互换的过程中必须处处小心留意。谁又说气息流转全身，没有停滞，这种令人万分舒畅的太极拳状态就没有虚实转换的缘由在内呢？

> "虚实宜分清楚，一处自有一处虚实，处处总此一虚实。"
>
> ——张三丰《太极拳经》

释义：虚就是虚，实就是实，这种对立的状况必须区分清楚。太极拳的每种动作、每个要领，身体的每个部位都包括虚实的原理，它们都统一在虚实与阴阳这个大概念中。

辨析：虚与实虽然共处于一个整体中，但它们之间的界限还是分明的，虚就是虚，实就是实，概念要分清，二者切不可混淆。每种事物都是一个阴阳体，也可以称虚实体，都存在着虚实对应关系；每种事物的各个组成部分也各自都是阴阳体和虚实体，也都存在着阴阳、虚实关系。每一种事物和这个事物的各个组成部分都是由阴阳、虚实构成的。

> "四、分虚实。太极拳术以分虚实为第一要义。如全身皆坐在右腿，则右腿为实，左腿为虚；全身皆坐在左腿，则左腿为实，右腿为虚。虚实能分，而后转动轻灵，毫不费力；如不能分，则迈步重滞，自立不稳，而易为人所牵动。"
>
> ——杨澄甫《太极拳十要》

释义：《太极拳十要》中的第4要是"分虚实"。区分好虚实是太极拳的第一要义。迈腿时分清虚实，转动就会轻盈灵活。否则会形态滞重，站立不稳，受人牵制。

辨析：作为太极拳的第一要义，我们在习练和思考太极拳时要把对"虚实"的领会与体悟放在重要位置。

四、意与力

"势势存心揆用意，得来不觉费功夫。"

——王宗岳《十三势歌》

释义：在习练太极拳的每一个动作时，都要用心地去揣度，用自己的思想与意念去驾驭每一个动作，这样就可以毫不费力地掌握太极拳的真正要领。

辨析：心，即是意。揆，为估量、揣测、掌握、管理。意，指意念、意识。意是太极拳中占据中心位置的重要概念。在我们练习的太极拳每一个式子时都要格外地小心翼翼，要用意念去支配每一个动作。当真正领会了太极拳中"意"的重要意义，当"意"能够自如地支配我们的每一个动作时，那么距离得到太极拳要旨的日子已经为期不远了。

"若言体用何为准，意气君来骨肉臣。"

——王宗岳《十三势歌》

释义：要说到什么才是运用太极拳的标准和准则，对于"意"

55

的磨炼与雕琢才是首要的关键性的问题。对于肢体与动作的锻炼和运用都要从属在"意"的磨炼之下。

辨析：此句呼应"势势存心揆用意"一句，继续重申了"意"在太极拳中的重要意义。也有资深行家把"意气君来骨肉臣"一句解读为"意气均，骨肉沉"的谐音，取意气阴阳平衡，骨肉沉稳有致之意。

"凡此皆是意，不在外面。……如意要向上，即寓下意，将物掀起……"

——张三丰《太极拳经》

释义：所有这些都是内在的"意"的体现，并非外在的形体上的东西……假如你想把对方向上方发放出去，则要把意念放在对手的下方部位，以收到向上掀出的效果。

辨析：在太极拳的实际运用中，意可以起到决定性的作用。意到则劲到，这在太极拳中是一个常识。

"六、用意不用力。《太极拳论》云：此全是用意不用力。……若不用力而用意，意之所至，气即至焉。……不用意而用力，最易引动，不足尚也。"

——杨澄甫《太极拳十要》

释义：杨澄甫《太极拳十要》中的第 6 要是"用意不用力"。《太极拳论》中说，这完全是因为"用意不用力"……用意而不用力时，意到了，气就到了，劲也会随之而到……只用力而不用意，最容易被牵动而导致失败，这是最不值得提倡的。

辨析：意的反义词不是力，力的反义词同样也不是意，只是在太极拳的特定语境下，意与力才具有这种对立的阴阳关系。王宗岳《太极拳论》中云："察'四两拨千斤'之句，显非力胜。"在太极拳语境中，"力"指的是"拙力"，是人后天生成的，轻浮的，没有根基的"僵力"。太极拳手在日常的练习中以"意"引形，气遍全身，日复一日，逐步去除身上的"拙力"与"僵力"，才可以练出真正的内劲。

五、柔与刚

老子《道德经》第 43 章说道："天下之至柔，驰骋天下之至坚。""柔"与"刚"之间的阴阳关系是《易传》中的讨论要点之一。"以柔克刚""刚柔相济"等是人尽皆知的成语。《太极拳论》中说道："极柔软，然后能极坚刚。"

柔为阴，在内，在下。刚为阳，在外，在上。在太极拳练习中，以松柔为主，以去除拙力、僵力为目的，在长时间的练习下，可以产生浑厚的内劲，远胜普通人所具有的"刚强"。其过程是由松入柔，积柔成刚，最后达到刚柔相济的目标。"刚柔相济"是指一种新的、更高层次上的阴阳平衡。太极拳练习者毫无疑问也具有"坚刚"的一面，但是这种坚刚不是普通意义上的坚刚，而是雄厚内劲灌注于其中的坚刚，具有摧枯拉朽的威力。

六、双重

"立如平准，活似车轮。偏沉则随，双重则滞。每见数年纯功，不能运化者，率皆自为人制，双重之病未悟耳！"

——王宗岳《太极拳论》

"双重"（zhòng，重量）是王宗岳《太极拳论》中为指出太极拳练习者的弊病而使用的一个专有词汇，也是后人习练与研究太极拳时非常热衷探求的一个词语。对于"双重"问题，我们可以从以下三个层次进行理解。

一是作为阴阳理论的"双重"。

阴阳理论认为，事物一般都处在阴阳相对平衡状态，阴阳大致等量齐观。只阴不阳，或是阴上加阴；只阳不阴，或是阳上加阳时，事物都会呈现崩解状态。在相关的太极拳概念中，"重"与"轻"是一对阴阳关系，重为阴，轻为阳；"沉"与"浮"也是一对阴阳关系，沉为阴，浮为阳。重上加重，或是轻上加轻；沉上加沉，或是浮上加浮，都是处在失衡或是失败的状态中。

二是从语境中理解"双重"。

太极拳以阴为先，以阴为本，在"沉""浮"中偏向于"沉"，在"重"与"轻"中偏向于"重"。从该句的语境中可以看到，"偏沉"是一种值得提倡的状态，因为其可以产生"随"的良好效果（而不是"顶"）。"偏沉"可以令拳手自如地对对手的劲路进行"运化"，这是一种正确的状态；而"双重"则呈现滞重的状态，容易"为人所制"，这无疑是一种失败的状态。

三是从文章中的其他段落看待"双重"。

《太极拳论》第二段云，"左重则左虚，右重则右杳"，同样体现了阴阳原理。不少研究者认为这一句的意思是说，当左手"重"时，则左脚为"虚"，而当右手"重"时，右脚则"杳"（虚无，轻的意思）。而阴阳理论认为，阴阳双方是共体的。太极拳的每个动作也同样包含了阴阳对立体在内。当拳手左侧（比如说左手）重手出击时，其中也有"虚"的成分在内，即"重中有虚"。同样当右手出击时，也是"实中有虚"。这样也就避免了"双重"的弊病。

第五节　太极拳定义及其发展

现代信息社会飞速发展，目前进入 5G 高速互联网时代。在现代社会，人类创造了巨大的财富，拥有丰富的、多姿多彩的物质与文化生活。人们的工作与生活节奏快、压力大。这种丰富生活的代价是许多人的身体过分透支，进入亚健康状态，并滋生着各种疾病。政府、机构、个人在沉重的医疗保健压力下，齐齐呼唤健康的生活方式，呼吁人们开展适当的运动，以保障个人健康，增加社会的活力。太极拳以其丰富的文化内涵，不太复杂的运动动作，简易的场地要求，成为人们追求健康生活的最佳运动之一。在全民体育背景下，太极拳已然进入其发展的最好时机。今天的太极拳不仅是中国的，也是世界的。作为太极拳的故乡，太极拳将在中国的土地上不断地发展和壮大。

一、太极拳定义

太极拳是一种以阴阳理论为基础，以松柔圆缓为外部特征，以意气运行为内在特点，集养生与技击于一体的中国传统武术。

太极拳产生于中国，植根于中国，在日新月异的信息化时代，太极拳的运动方式、存在方式都是非常清晰的、毫无疑义的。在学习与研究太极拳时，我们需要能够反映太极拳本质属性的简明扼要的定义。

（一）太极拳建立在阴阳理论基础上

大道至简。阴阳理论是中国古代哲人们用最简练、朴素的语言反映他们对世界最根本问题的看法，其思想价值超越了时代与国界，不仅在今天仍然具有鲜活的生命力，而且早已经走出国界，成为世界人民的共同精神财富。静与动，虚与实，刚与柔等太极拳阴阳对立概念简明、易懂，阴阳理论与太极拳运动特点完美地结合在一起。阴阳理论是太极拳的理论与运动基础，同样地，太极拳的运动实践也对阴阳理论起到了丰富与壮大的作用。

（二）太极拳的外部特征是松柔圆缓

太极拳与国内或国外的其他武术或是搏击项目相比，具有非常鲜明、独一无二的外部特征。通常人们一眼就可以做出判断，"哦，他在练太极拳！"太极拳的外部特征就是"松、柔、圆、缓"。太极拳以脚为根，以脚、腿带腰，再以腰带动躯干和上肢甚至是下肢，节节贯串，体现在外部形态上就是松柔圆缓。太极拳练习者要放松身心，动作柔和、圆顺，节奏放缓，相连不断，连绵悠长。

（三）太极拳的内部特征是意气运行

在松柔圆缓的外在形式背后，是太极拳以意引形、气遍身躯的内部特征。从张三丰《太极拳经》中的"凡此皆是意"，到《十三势歌》中的"意气君来骨肉臣"，再到《太极拳十要》中的"用意不用力"，"意"成为太极拳的根本特征之一，也是太极拳区别于其他武术种类的最鲜明特色之一。同样地，以"意"引导动作的结果，使得太极拳具有松柔圆缓的外部特征。气遍身躯是正确练习太极拳的结果，能否做到《十三势歌》中的"腹内松静气腾然"，成为检验太极拳练习正确与否的重要标准。

（四）太极拳是集养生与技击于一体的中国传统武术

从《十三势歌》的"想推用意终何在，益寿延年不老春"，到张三丰《太极拳经》中的"欲天下豪杰，延年益寿，不徒作技艺之末也"，太极拳向来都以博大的人文关怀精神为全人类的健康事业奉献着自己的力量与情怀。在现代社会日益重视身心健康的氛围下，在各级政府与教育机构的大力推动下，太极拳的发展方兴未艾。同时，太极拳带有与生俱来的"武术"属性，是中华武术中具有鲜明特色的优秀拳种之一。太极拳要适应时代发展的要求，不断在理论与实践上发展和创新，为人类健康事业与武术事业的发展奉献自己的力量。

二、国内外太极拳的发展

随着经济的发展和人民生活水平的提高，人们的保健意识不断增强，太极拳在中国乃至世界范围内都得到了日益广泛的普及与发展。太极拳的从业人员众多，学员在地域上、年龄层次上分布广泛，当今时代确实是太极拳的黄金发展期。

今天的太极拳分为杨氏、陈氏、武氏、孙氏、吴氏等多种门派，以及其他的众多门派。在这些门派中，以杨氏、陈氏太极拳的习练者最多，地域分布最广泛。值得一提的是，近年来太极拳的发展普及工作较为出色，吸引了国内不少的年轻练习者，这是一种可喜的现象。由国家体育运动委员会组织改编的 24 式太极拳继续在国内外保持令人满意的热度，在中老年人群中继续占据主导地位，并在大中小学的青少年人群中逐步得到普及。

太极拳各门派特点

杨氏：匀缓柔和，舒展大方；

陈氏：刚柔相济，快慢相兼；

武氏：动作灵活，步法轻捷；

孙氏：开合鼓荡，小巧紧凑，步活身灵；

吴氏：柔合紧凑，大小适中。

在老龄化趋势日益明显的今天，中老年人有着强烈的保健需求。信息时代生活节奏的加快，也令中青年上班一族急需有效的、可持续的，并且能够抵御亚健康的运动方式。太极拳成为涵盖这些群体的最好的运动方式之一。在国外尤其是发达国家同样如此。国内外对于太极拳保健医理的研究与实践也在日益深化。太极拳不仅是一种优异的人体运动机能保持与提高的手段，同时也是一种优异的心理疏解、心理康复的手段。太极拳必将在人类的健康事业中发挥越来越重要的作用。

三、太极拳普及中存在的问题

近年来，在日益兴旺、繁荣的发展背景下，太极拳运动也出现了一些问题，有些甚至是比较严重的问题。大致归纳为以下三点。

（一）从业人员构成日益复杂，成为一些不良分子的牟利场所

学习太极拳的人数日益增加，这本身意味着巨大的商机。一些人嗅到其中的利益，纷纷赶来分吃这个大"蛋糕"。这些人不是刻苦练习太极拳，努力提高自己的技艺与修养，而是投机取巧，大搞歪门邪道。一些人只练了一两年，并未入门，还有一些人只是参加了一两期学习班，就摇身一变成为"大师"，开宗立派，授徒牟利。一些人为了扩大知名度，与人合谋弄虚作假，在媒体表演所谓"鸟不飞"绝技。更有一些人丧失底线，四处约架，并以太极拳的名义与人在公开场合打斗，损害了太极拳在公众中的形象。另外，有不少"大师"喜爱表演，或是登上舞台，或是拍摄视频，表演所谓"千斤坠"，或是所谓的"隔山打牛"。哗众取宠的结果是大师们"人设崩塌"（形象崩溃之义），成为众矢之的。

（二）行业管理能力缺失，陷入准瘫痪状态

上述问题的出现，很大程度上归因于行业管理能力的欠缺。一

是缺乏准入门槛。目前社会人员大量进入教练行列，但缺乏相关管理准则对他们进行准入管理，更谈不上相关的惩罚与退出机制。一些社会不良人员使整个行业的形象严重受损。二是缺乏合理的等级晋升机制。目前实行的段位制度在现代信息时代已经远远落后于社会发展的需要。目前急需向国外特别是日韩两个邻国武术竞技管理的先进制度学习，建立一套行之有效的，可以深入每位练习者的等级晋升制度，并通过这些制度对太极拳参与者进行有效管理。三是缺乏切实的发展目标。行业管理的缺位，因此，整合太极拳界的力量已经成为刻不容缓的重要问题。

（三）由目标迷茫到目标明确，太极拳的改革刻不容缓

太极拳行业向何处去？是停留在目前各自为政、一盘散沙的现状，以至于逐渐与现代社会脱节，并逐步湮没在历史的长河中，因此，太极拳行业要振作起来，重整旗鼓，以崭新的面貌继续引领新时代全人类的健康生活方式，这是每一个太极拳界和行业参与者都必须认真思考的问题。

太极拳的发展要借鉴国外的相关先进经验，特别是日本韩国发展柔道和跆拳道等的经验，走出我们自己的太极拳标准化发展之路。

四、太极拳发展的标准化

太极拳的改革日益迫切，东亚的两个邻国，日本与韩国的成功经验为太极拳改革提供了思路。

柔道与跆拳道是近现代崛起的东亚地区的武术门类，都成功地推广到全世界，并先后成为奥运会比赛项目。一是柔道。柔道成型于 20 世纪初，到 20 世纪 50 年代推广到世界范围，1964 年进入东京

奥运会。1951 年成立国际柔道联合会，总部设在东京。柔道等级制度是 10 段 5 级，最高为 10 段。以腰带颜色区分，初段至 5 段为黑色腰带，6 段至 8 段为红白色腰带，9 段至 10 段为红色腰带。二是跆拳道。1955 年韩国的崔泓熙将军命名了"跆拳道"一词，在 2000 年悉尼奥运会上跆拳道成为正式比赛项目。1973 年，在韩国首都首尔成立了世界跆拳道联盟（WTF）。跆拳道同样以腰带区分等级，黑带为最高等级。黑带中又分为 9 个段位，分别由不同的机构考核或认证后颁予。柔道与跆拳道都注重培养成员的仪态礼节，并通过一定的仪式去强化这些精神要求。在国际比赛中，柔道与跆拳道都以国际通行的体重来划分比赛等级。

跆拳道等级制度中的腰带颜色

白带：白带代表空白，练习者没有任何跆拳道知识和基础，一切从零开始。

黄带：黄带是大地的颜色，就像植物在泥土中生根发芽一样，在此阶段要打好基础，并学习大地厚德载物的精神。

黄绿带：介于黄带与绿带之间的水平，练习者的技术在不断上升。

绿带：绿带是植物的颜色，代表练习者的跆拳道技术开始枝繁叶茂，跆拳道技术在不断完善。

绿蓝带：由绿带向蓝带的过渡带，练习者的水平处于绿带与蓝带之间。

蓝带：蓝带是天空的颜色，随着不断的训练，练习者的跆拳道技术逐渐成熟，就像大树一样向着天空生长，练习跆拳道已经完全入门。

蓝红带：练习者的水平比蓝带略高，比红带略低，介于蓝带与红带之间。

红带：红色是危险、警戒的颜色，练习者已经具备相当的攻击能力，对对手已构成威胁，要注意自我修养和控制。

红黑带：经过长时间系统的训练，练习者已修完从10级至1级的全部课程，开始由红带向黑带过渡。

黑带：黑带代表练习者经过长期艰苦的磨炼，其技术动作与思想修为均已相当成熟。也象征了跆拳道黑带不受黑暗与恐惧的影响。

对照这两个邻国武术项目的成功，中国武术界和太极拳界应该进行深入的思考。

思考一：成立全国乃至世界性的太极拳组织刻不容缓。

太极拳早已走向全世界，中国作为太极拳的故乡，有责任与义务早日成立世界性的太极拳组织，总部设在中国，以此作为规范与筹划世界太极拳运动发展的最高机构。

思考二：设立太极拳等级制度。

设立从入门到顶级的太极拳等级制度，比如从1段到10段，并设立荣誉段位制度，以此区分成员对于太极拳运动的掌握程度并培养成员的荣誉感。等级制度同时是一种管理制度，对于违规的成员可以起到惩罚与清理作用。设立等级制度有助于治理目前的乱象。

思考三：关于太极拳的标准化。

等级制度的基础是太极拳的标准化，没有标准化就没有设立等级制度的依据。按照太极拳发展现状及影响力，应以24式太极拳为入门套路，以杨氏85式为提高套路，以此为标准考核成员的等级。陈氏、武氏、吴氏、孙氏等太极拳门派也要分别设立入门与提高套路，来作为考核成员等级的依据。

思考四：推手在太极拳竞技中的作用。

太极拳推手又称为揉手、打手等。推手的本义是提高太极拳技艺的一种训练手段或是太极拳掌握程度的一种检验手段，并非练习太极拳的目的或目标。但阴差阳错，推手成为一种比赛项目，训练手段在某种程度上成为运动的目的。目前的推手比赛许多时候并不能展现太极拳的特定内涵，比赛过程中的僵力、拙力和其他违规行为甚多。太极拳竞技要走向国际化，竞技形式必须慎重考虑。

思考五：太极拳如何对接现代技击运动。

太极拳如何与现代技击运动相对接，这是关系到太极拳声誉与发展前景的大问题，必须进行严肃的思考。本书将在第五章对这一问题进行全面的剖析与思考。

第三章

现代太极拳运动特点

第一节　太极拳的松柔圆缓

太极拳以其深邃的文化底蕴成为中华传统文化的重要组成部分。在阴阳理论的统领下，太极拳讲求的是以静制动、以柔克刚、后发先至，因此，把太极拳的总体属性纳入"阴柔"类型是没有疑义的。

太极拳的阴柔属性使它形成了"松柔圆缓"的外部特征。这是一种具有高度辨识度的特征，不仅能把太极拳与其他武术种类进行区分，而且能够以外引内，通过这种特征鲜明的外部动作，引动体内意气的运转，从而达到太极拳的锻炼目的。

一、太极拳的"松柔"

（一）一是"松"

太极拳有着自身特定的话语体系。太极拳认为，人从孕育到脱离母体降临人世，是一种混沌初开，从无到有的状态。阴阳之道云，一（太极）生二（阴阳），二（阴阳）生三，三生万物。人甫一出生，其身体是最轻柔无比的，具有一种天生的、与"天地人"之道相契合的柔韧性。但随着人日复一日地成长，人体中最柔韧的一面一点一点地消散，而与天道相悖的僵力与拙力则在不断地蔓延与滋长。这样，人最终成为一种有待回到本真的，需要某种"道"去柔化"僵力"并改变"拙力"的存在。太极拳就是这种回到人体本真，去除人体"僵力"与"拙力"的道。而达到这种目的的工具，就是太极拳练习过程中所提倡的"松"与"柔"。

"僵力"与"拙力"

王宗岳《太极拳论》中说道，斯技旁门甚多，虽势有区别，概不外壮欺弱，慢让快耳！有力打无力，手慢让手快，是皆先天自然之能，非关学力而有为也！……这里的"壮"与"快""有力"与"手快"，都是"僵力"与"拙力"的外在表现。而"是皆先天自然之能"一句，指的是这些僵力与拙力是人成长中必然形成的一种状况，就如同"先天"与"自然"一般。这种人所具有的"僵力"与"拙力"状况，恰恰是太极拳必须克服与改变的。

王宗岳《十三势歌》中有"腹内松静气腾然"句，只有"松静"才能做到"气腾然"；张三丰《太极拳经》中有"一举动，周身俱要轻灵"句，要做到"轻灵"，非"松"不可；杨澄甫《太极拳十要》中有"松腰"和"用意不用力"两要，意为只有腰"松"两足才能有力，下盘才能稳固，"用意"的前提必然是全身松开，不可有丝毫的"拙劲"。由此可知，"松"是太极拳的题中应有之义。

杨澄甫在《太极拳十要》中的第六要"用意不用力"中说道："练太极拳全身松开，不使有分毫之拙劲……"郑曼青是杨澄甫的十大弟子之一，在其所传的"杨澄甫秘传口诀十二则"中说："一曰松。澄师每日必重言十余次，要松，要松，要松净，要全身松开。反此则曰，不松，不松，不松就是挨打的架子。按松字之一字最为难能，如真能松净，余皆末事尔。"

综上所述，"松"是太极拳的运动基础与主要特点之一。在太极拳的话语体系中，松必须是彻底地松。要通过坚持不懈、持之以恒的练习，把身体恢复到如同出生时一样，身上的僵力与拙力就会被完全彻底地消磨掉。换言之，太极拳所要求的身体用力方式与平常人的用力方式是不一样的，是反其道而行之的。身体彻底"松"的过程，可以看作是一种逐步"换劲"的过程。只有经过换劲，身体才能产生"太极劲"，才能产生通常所说的功夫。

太极拳知识："太极劲"

在汉语词典中，力是指物体之间的相互作用，而劲主要指的是力量。在太极拳话语体系中，力通常指的是未经训练的普通人用于移动物体或是击打物体的作用力，其用力的方式是直线式的，瞬间消耗式的。而劲在太极拳中是指经过深度训练的人，在移动物体或击打物体时，所使用的全身的协调力。它通常可以把力量集中到一个小点上，会产生特有的弹击式的力量效果。通常要具有"劲"，必须经过长时间的持之以恒的训练，只有达到"懂劲"阶段的人方才具备。

既然"松"如此重要，那么，如何才能做到"松"呢？我们可以在太极拳经典中找到答案。

杨澄甫在《太极拳之练习谈》中说道："习练运行时，周身骨节，均须松开自然。其一，口腹不可闭气；其二，四肢腰腿，不可起强劲。此二句，学内家拳者，类能道之。……其气喘矣，其身摇矣，其病皆由闭气与起强劲也。"这段话说出了"松"的要领所在：一是在做动作时保持呼吸的自然、顺畅，切不可憋气（"闭气"）。说到呼吸，太极拳首先提倡的是自然呼吸，其次是在自然呼吸基础上的腹式呼吸，达到一定层次后又回到自然呼吸。二是在动作中全身各个部位均不可起"强劲"，意即不能简单地用力气去完成各个动作。太极拳提倡用"意"去引领动作，并由腰去引动各个动作的完成。

张三丰《太极拳经》首句是，"一举动，周身俱要轻灵"。要做到轻灵，前提当然是身体的"松"。没有松，何来的轻与灵！

太极拳知识：腹式呼吸

在网络上搜索"腹式呼吸"，可以找到下面几个句子。"腹式呼吸法可分为顺呼吸和逆呼吸两种，顺呼吸即吸气时轻轻扩张腹肌，在感觉舒服的前提下，尽量吸得越深越好，呼气时再将肌肉收缩。逆呼吸与顺呼吸相反，即吸气时轻轻收缩腹肌，呼气时再将它放松。"王宗岳《太极拳论》中有"虚领顶劲，气沉丹田"一句。太极拳要求"在意不在气"，并不提倡"意守丹田"，因此使用腹式呼吸来解决气沉丹田这个问题。

辨析："松"与"懈"

"松"与"懈"是太极拳中两个接近的但不相容的概念。

翻查一下辞典，"松"主要有"不紧""放开"之义，这已经和太极拳松的本义很接近了。"懈"则除了有"不紧张"之义以外，也有"疲困""懈怠""松散"之义。恰恰是后面的两个释义，使"懈"与"松"区别开来。在太极拳中，人们提倡"松"，但极力避免"懈"。"松"的不紧与放开，可以使人打出真正意义上的太极拳。而"懈"的疲困与松散却有违太极拳的本义。有一种说法是，松过了头，就是懈。太极拳练习中要体现出人的放松与灵动，而绝不能在动作中体现出任何的懈怠与松散。坚持"松"，远离"懈"，是太极拳的本质要求之一。

辨析："松"与"沉"

"松"与"沉"在太极拳中是两个互补、递进的，并因效应叠加而产生相互助益的概念。

"松"与"沉"在太极拳中是两个常用字。有朋友会问，都已经要求彻底地"松"了，那么再要求"沉"是否相互矛盾呢？其实两者之间并无矛盾。如上所述，"松"是太极拳的基本要领与基本概念之一。而"沉"字也在太极拳经典中一再出现。王宗岳《太极拳论》有"偏沉则随"和"气沉丹田"两句。前者意为倾向于"沉"可以达到舍己从人的效果，符合太极拳的要求。后者表示气机沉聚到丹田，是包括太极拳在内的内家拳的基本要求。杨澄甫《太极拳

十要》中的第五要"沉肩坠肘"中说道，"沉肩者，肩松开下垂
也。……坠肘者，肘往下松坠之意……"从文中之义看，"沉肩坠
肘"也可以看作是"沉肩沉肘""沉"字占据中心位置。武禹襄
《十三势行功要解》亦有"发劲须沉着松静"一句，"沉着"与
"沉"有着语义上的内在联系。这就直接把沉与松，与发劲联系在一
起。那么，如何把松与沉紧密联系在一起，使两者产生相互助益的
关系呢？郑曼青的《杨澄甫秘传口诀十二则》回答了这个问题。文
中写道："二，曰沉。如能松透，即是沉。筋络全开，则躯干所系，
皆得从下沉也。按沉与松，原是一回事。"松透则沉，沉则有根，这
就是太极拳中"松"与"沉"的相得益彰、互为增益的关系。

"沉"与"沉着"

打开辞典，找到"沉"字以及在它之下的词条"沉
着"。"沉"有下落，往下陷，使降落，向下放，分量重，
感觉沉重等释义。"沉着"则有镇静，从容镇定，不慌不忙
之义。在"沉着"一词中，以沉为主，由"沉"的下落与
分量重自然释放出"沉着"的镇静、镇定的意义。在太极
拳中，在身体彻底放松的情况下，自然可以找到向下落与
分量重，也就是"沉"的感觉。而在发劲时，由于长久的
松静练习使身体积累了充足的内劲，自然可以从容镇定、
不慌不忙的以"沉着"的姿态将对手发放出去。

(二) 二是"柔"

在太极拳话语体系中，"松柔"与"刚柔"是关于太极拳的重

要词汇"柔"的两个关键性词汇。

王宗岳《太极拳论》中有"人刚我柔谓之'走'"句，武禹襄《十三势行功心解》中有"极柔软，然后极坚刚"句，杨澄甫《太极拳练习谈》中有"太极拳，乃柔中寓刚，绵里藏针之艺术"句，郑曼青《杨澄甫秘传口诀十二则》中有"所谓柔腰百折若无骨"句。

在现代汉语中，"柔"有"软""使变软"之义。一般而言，"柔"与"刚"相对，各自是对方的反义词。在以"柔"组成的词汇中，"柔顺""柔韧""柔美""柔和""柔滑""柔软"等都可以用之于形容太极拳"柔"的状况，其中以"柔顺"和"柔韧"比较接近太极拳中对"柔"的定义。

先说"松柔"。

在太极拳词汇中，"松柔"是一个相对固定搭配的词组，两者之间存在因果关系和互为表里关系。

如前所述，"松"是太极拳的基本要求，那么，当练习者通过刻苦的理论知识学习与坚持不懈的刻苦练习后，身体内部达到了"松"的要求时，其外在的表现形式又是怎么样的呢？显然，当练习者达到"松"的要求时，其外在表现形式就是"柔"。当练习者真正做到"松"时，他的身体会显得特别"软"。也可以这样说，因为练习者的身体真正达到了松的要求，才使得他的身体"变软了"。这里的"软"和"变软了"正是"柔"的本义。因此，只有内心做到了"松"，身体才能变得"柔"。反过来说，当身体真正变"软"了，变得"柔顺"了，才说明练习者达到了太极拳"松"的要求。因此，"松柔"在太极拳中是一个不可分离的，有内在特定含义的词汇。

当练习者真正达到松柔的要求时，可以用一系列饱含美感的形容词去描述它，这就是上述的"柔顺""柔韧""柔美""柔和""柔滑"等词汇。这些词汇所代表的优美形态，可以让人得到美的享受，静心观赏充满太极拳内涵的运动之美。

太极拳的运动美

关于运动美的定义是这样的：运动美，是身体的运动之美，是人在体育活动中表现出来的美，是人类社会文化生活的特殊反映。它是人类审美领域中由体育运动带来的一种审美对象。把这个定义套用到太极拳上，太极拳的运动美首先体现的是一种文化美。太极拳建基于道家文化和阴阳学说上，它的对称感、平衡感与含蓄感体现的正是这种文化美。其次，太极拳本身的刚柔并济、动中寓静、内外相合等，无不与生命的节奏与韵律相合拍，体现的是一种伟大的生命之美。

再说"刚"与"刚柔"。

"刚柔"是太极拳练习者在入门阶段接触到的重要概念之一，必须加以重视。也有一些资深的太极拳练习者对于刚柔的含义以及它们之间的关系分辨不清或是理解不深，使得自己的进步受到极大的制约。

在太极拳中，柔与刚是阴阳的两面，柔为阴，在内，在下，为本；刚为阳，在外，在上，为末。因此，语序上表示为"柔刚"比表示为"刚柔"更为合理。但这是汉语的习惯语序，因此问题不大。

在辞典中，"刚"有硬、坚强之义，是与"柔"相反义的词汇。在我们的日常生活中，也有不少关于刚柔的成语与熟语，比如"以柔克刚""以柔胜刚""积柔成刚""刚柔相济""刚柔并济""内柔外刚""摧刚为柔"等。"刚柔"之说已成为我们生活与文化中的一个组成部分。

在太极拳中，"刚"不是一个简单代表了"硬"与"坚强"含义的概念，而是一个内涵丰富的，代表了多重意义的重要概念。具体而言，"刚"有以下四重含义。

一是"刚"是太极拳的本质属性之一。

道家经典《易传》是最早、最系统地对"刚柔"辩证关系进行充分论述的古代典籍。老子《道德经》中也有"至柔胜至刚"思想。作为阴阳学说集大成者的太极拳而言，其对于"刚柔"两者都给予了高度的重视。"以柔至刚""积柔成刚""刚柔共济""刚柔平衡"，这是太极拳的本质要求之一。

二是"刚"的产生过程是一种"摧僵化柔""积柔成刚"的过程。

武禹襄《十三势行功心解》中有"极柔软，然后极坚刚"句，揭示了"刚"的本质与形成过程。太极拳练习以"松柔"为追求，目的是清除掉身上的僵力与拙力，同时在身体中逐步生成"内劲"。在太极拳话语体系中，"刚"等于"内劲"。练习者越能做到彻底的"松柔"，他的"刚"也就是"内劲"就越为纯正与浑厚。"刚柔"两者呈正比关系。

三是"刚"既是一种内劲的爆发式展现，同时也是一种"合力"的体现。

太极拳首先是一种能够克敌制胜的拳术，而战胜对手的过程就是太极拳"刚"的一面的展示过程。对于懂劲或是神明阶段的太极拳练习者而言，"刚"的运用是可以把自己的内劲主动地施加到对手身上，可以看作是一种被动的应激式反应，并且可以调动对手的劲力施加到对手自己身上。这种叠加自身和对手力量（自身的"力量"可以称为"劲"）的方式称为"合力"。"合力"是太极拳的特有技法之一。

"借力打力"与"四两拨千斤"

在太极拳"刚"的一面的展示中，这种叠加自身和对手力量的方式称之为"合力"，在太极拳术语中，也经常用"借力打力"这个词组来表述。"借力打力"表面上是借用对方的力量回击对方，实际上由于叠加了自身的"太极劲"，这就足以极大地震慑对手，并给予对手难以承受的打击。"四两拨千斤"在《打手歌》中又写为"牵动四两拨千斤"，显然后者更符合太极拳的本义。太极拳练习者可以以四两之力去引动对手的重心，使对手的千斤之力落空，同时"借力打力"，把对手干脆利落地发放出去。

四是"刚"是一种积累过程，同时"刚柔"是一种平衡等量的存在。

从一开始的充满僵力与拙力，到最后的"刚柔并济"，"刚"作为"柔"的阴阳对立物，有一个数量上从无到有，质量上由低到高的过程。"刚柔并济"代表的是一种阴阳平衡的状态，这是一般练习者难以企及但又必须追求的目标。太极拳练习者在追求这一目标的过程中可以使自己的技艺得到切实的提高。

"有心求柔，无意成刚"

许多太极拳练习者都追求所谓的太极拳"秘籍"，认为得到一本"秘籍"就足以让自己的技艺得到超乎常人的提高，以至于对于身边的"宝藏"视而不见。比如"有心求柔，无意成刚"这句话就是犹如偈语般的存在。"求松""求柔"是太极拳练习的应有之义，也是太极拳的根本练习手段。"成刚"并不只是单纯地对"刚"的追求就可以得到的，而是在"求柔"的过程中方可达到"成刚"的目的。所谓"成刚"就是指太极内劲的丰沛与充盈。

二、太极拳的"圆缓"

（一）先说"圆"

"圆"在中国传统文化中，是一个崇高的寓意深刻的概念。从古代人类所具备的观察力而言，太阳、月亮和所有的行星体都是圆的，象征无上权威的"天"也是由圆构成的，古人因此有"天圆地方"一说。从阴阳学说而言，圆是无极图与太极图的存在方式。圆在中国传统文化中同时有着"圆满""团圆"以及"圆润""和谐"之义。"圆"在太极拳中，也有着特定的、内涵丰富的以及不可替代的含义。

王宗岳《太极拳论》中有"立如平准，活似车轮"句，张三丰《太极拳经》中有"无使有缺陷处，无使有凸凹处，无使有断续处"句。前一句中的"车轮"是圆的形状，而后一句的"没有缺陷处，没有凸凹处，没有断续处"正是对圆的描写。杨澄甫在《太极拳十要》中云，"太极拳用意不用力，自始至终，绵绵不断，周而复始，循环无穷"，也是对圆的描写。

太极拳中的圆，可以放到两个层面中去思考。一个是意识上，叫"圆活"，另一个是动作上，叫"圆"和"圆弧"。

第一，是拳理与意识上的"圆"。如前所述，太极图作为古代哲人所发现的反映太极本质的图案，本身就是圆形，圆是太极的本质属性之一。圆具有一定的稳定性。旋转中的圆球体或是车轮，与陀螺原理相合，具有高度的稳定性，有助于行拳时保持中定。圆是化解对方作用力的最佳形状。外间的作用力可以被浑圆的圆球体轻易地向外引出，再大的作用力都难以作用到圆球体上，表现为"引进落空"的效果。圆是储存能量的最佳形状。相比于其他立方体、长方体等几何形状，圆球体是最佳的能量（内劲）储存形状。内劲在圆球体中积累与运转，在需要时可以以最短的路线，把内劲最完整地发放出去。圆有助于化打合一。太极拳高级功法讲求的是化打合一。圆球体在化解对方作用力的同时，可以以切线（射线）的形式把对方发放出去，达到化打合一的效果。

太极拳在意识上摒弃"呆滞"，追求"圆活"。太极拳"活似车轮"，"因敌变化示神奇"，高度的灵活性与融通性，造就了太极拳最讲求客观的机理。太极拳"圆活"的另一种表现是行拳中的连绵不断、意味悠长。太极拳绝非"一锤子买卖"，追求的并不是拙力与僵劲的最大化，而是在连绵不断、刚柔相济的行拳中积累自身的内劲，进而达到功效最大化的目的。

第二，是动作上的"圆"或"圆弧"。与"圆"与"圆弧"对立的词汇是"直线"与"线段"。就字义而言，"直线"与"线段"和太极拳的拳理、拳法无疑是相悖的。简化太极拳中有一个动作口令——"抱球"。这个口令虽然不准确与规范，但从侧面印证了太极拳的一个重要动作特点——"圆"与"圆弧"。

要达到圆的要求，首先是要做到松静自然，用"意"来引领动作。王宗岳《太极拳论》有"无过不及，随曲就伸"一语。太极拳运动讲求的是心灵的松静，动作的自然与恰当，并能够针对对手的形态做出最适宜的反应，做到"曲""伸"自如。武禹襄《十三势行功要解》中亦有"意气须换得灵，乃有圆活之趣"句，意思是说只有意气转换保持灵动，行拳才会有圆活的意味。

第三，太极拳由形态各异的圆所构成。王宗岳《太极拳论》有"立如平准，活似车轮"句，《十三势歌》有"命意源头在腰隙"句，张三丰《太极拳经》有"主宰于腰"句，综合起来就是人体本身是一个以腰为轴心的大圆，躯干与四肢在围绕腰这个圆心做运动。而腰这个圆心也不是静止不动的，本身也在围绕着某个圆心进行圆形或圆弧运动。手、臂、腿、脚等各个肢体、身体部分也都在同时围绕着不同的圆心做着圆或圆弧动作。

总而言之，太极拳对圆的要求符合阴阳原理，可以使运动者的内劲充盈、身形灵动，有效地化解外来的冲击，并做出最佳的反应。

圆，切线，内劲

圆的定义：在一个平面内，一动点以一定点为中心，以一定长度为距离旋转一周所形成的封闭曲线叫作圆。圆有无数个点。切线的内涵：一直线若与一圆有交点，且只有一个交点，那么这条直线就是圆的切线。几何上，切线指的是一条刚好触碰到曲线上某一点的直线。切线是一种常见现象，比如，铅球运动员在原地旋转加速后，会以切线方式加速向前方抛出铅球。在太极拳中，圆最能积蓄运动者的能量与内劲，然后在一定条件的触发下，沿切线方向，用最短的路径，在最短的时间内发放内劲。

（二）再说"缓"

王宗岳《太极拳论》有"动急则急应，动缓则缓随"句。另外，还有"观耄耋能御众之形，快何能为"句。杨澄甫在《太极拳十要》的"动中求静"一节中说道："太极拳以静御动，虽动犹静，故练架子愈慢愈好。慢则呼吸深长，气沉丹田，自无血脉偾张之弊。"

由此可见，急与缓，快与慢，是太极拳练习中必须重点关注的核心问题之一。"缓"作为太极拳的运动特征，受到广大练习者的高度重视与推崇。

学者熊培云有一个名句：人生的慢与缓是为了开拓生命的价值。这句话用在太极拳上再恰当不过了。置换过来可以这样说，太极拳的慢与缓是为了开拓太极拳本身深邃的价值。太极拳套路练习中的慢与缓不仅是一种手段，在某种程度上也是太极拳运动的目的。语义上，缓带有主观色彩，更多的是一种主观的感受；慢则带有一定的客观色彩，偏重于对慢的状态的客观描述。因此，从太极拳的本义而言，"缓"与"慢"都可以用于对太极拳运动形态的描述，但作为一种以主观性作为基本特征的传统武术，用"缓"来描写太极拳套路练习的运动状态会更为贴切一些。

事实上，"缓"与太极拳的诸多要求都是有着密切联系的。

缓是掌握太极拳要领的内在要求。太极拳作为一种同时锻炼身心的优秀传统武术运动，有着众多的、细致的动作要求。比如"内与外""上与下""刚与柔""前与后"等，不仅要求在舒缓的节奏中把身心各个部位调整到位，而且要完美地兼顾到这些看似矛盾与对立的要求，以达到阴阳共存的效果。俗话说"心急吃不了热豆腐"，只有在练习中坚持缓，才能全面地达到太极拳的各项要求，并切实地掌握好太极拳的各项要领。

缓是太极拳培育坚实、雄厚内劲的基础与前提。太极拳是一种有着鲜明特色的传统武术，核心在于培育练习者的内功，也就是内劲。在太极阴阳理论的指导下，太极拳不可能用"快"与"猛"两种方式去培育内劲，而只能用"慢"与"缓"来达到催生内劲的效果。只有在"慢"与"缓"中产生了内劲，才能做到在面对敌手时的"快"与"猛"，而不是相反。杨澄甫所说"练架子愈慢愈好"就是这个道理。

太极拳套路的练习时间

缓，体现在太极拳套路练习时间上，以85式太极拳为例，起初的要求是七八分钟打完一个套路，之后要求大约

15 分钟练完一个套路，也有的练习者慢到 30 分钟完成一个套路。从练习者的经验中得知，七八分钟是一般的练习要求，15 分钟则对于涵养内劲非常有利，但最慢不要超过 30 分钟。超过 30 分钟就会失去套路练习的本意。

第二节 太极拳以意为先

一、"意"的引入

"意"是太极拳的宿命。太极拳对"意"的发掘与坚持，是太极拳之所以为太极拳的根本因由，是太极拳的内在运动价值与文化价值之所在，是太极拳对人体科学，以及对人类文明的伟大贡献。

张三丰、王宗岳、武禹襄、杨澄甫等历代太极拳巨匠以及他们的众多传人，实践太极拳，思考太极拳，创造性地提出了以对人的内心观照，以人自身的意念运转，作为提升人的身体潜质与运动机能的基本手段，并在太极拳实践中取得了巨大的成功。

王宗岳《太极拳论》中说，"虚领顶劲，气沉丹田……察'四两拨千斤'之句，显非力胜"。张三丰《太极拳经》中说，"凡此皆是意，不在外面"。王宗岳《十三势歌》中有，"命意源头在腰隙""变转虚实须留意""势势存心揆用意""意气君来骨肉臣"等句。武禹襄《十三势行功心解》中说道："意气须换得灵，乃有圆活之趣……精神能提得起，则无迟重之虞"。杨澄甫《太极拳十要》第六要"用意不用力"中说道："……意之所至，气即至焉……"杨澄甫《太极拳体用全书》中说道，"头宜正直，意含顶劲""精神内固，气沉丹田""守我之静，以待人之动""凝神静虑，知止有定"。

王宗岳所说的"虚领顶劲"，如何"领"，如何"顶"，当然是用"意"来"领"和"顶"。能够做到"四两拨千斤"，显然与"力"无关，那和什么有关？值得我们深思；张三丰《太极拳经》所说"凡此皆是意，不在外面"，指意是人内在的意识流转，不是外在的表面所能察觉的；《十三势歌》中反反复复地强调"意"与"心"，用最直白的方式告诉世人"意"在太极拳中的地位与作用。

二、"意"的思辨

在哲学上，意识是指人脑对大脑内外表象的觉察。而在现代心理学中，意识则分为广义和狭义两种。广义的意识概念是指大脑对客观世界的反应，狭义的意识概念则是指人们对外界和自身的觉察与关注程度。现代心理学中对意识的论述则主要是指狭义的意识概念。以道家理论为基础的太极拳，以对"道"的观照作为安身立命的依托，以对自身本体的审视作为增长修为的工具。在此背景下，"意"就顺理成章地成为太极拳思维与实践的先导部分。

太极拳的"意"，不能简单地适用上述现代心理学对意识的"广义"与"狭义"定义，而是有着自身独特的对意的深刻诠释。同时，由于太极拳"意"的这种独特性，它同样会产生某种特定的异化形态。

（一）"意"是太极拳的独特文化符号和思维方式

中国传统文化注重思辨的力量，对于世界本质与人本质的思考是人类发展史上所有优秀文化包括中国文化的共同特点。太极拳源于中国古代，发展于中国近代，兴盛于中国现代，其把对世界与人的思考、体验与观照融入自身的体系中。"意"作为太极拳的具有鲜明特色的文化符号，首先是道家思想的体现。道家主张大道无为、应物自然、清虚自守，由无极、太极进而产生阴阳与万物，这些都是太极拳"意"的思想基础。其次，太极拳与一般竞技体育和其他传统武术的"更高""更快""更强"的追求不同，开宗明义，以"意"作为自身的运动方式与基本守则，向世人展现了一种截然不同的体育运动思维与实践方式。在太极拳中，"意"既可以是一种手段，也可以是一种目的，更可以是一种结果。"意"是太极拳的题中应有之义。太极拳的动作要以"意"来引领，同时意的运用可以使人的心理与意志得到不断的锤炼，达到使锻炼者身心平衡与健康的效果。同时，太极拳"意"的最高追求不是"意"的最大化，而是一种"无意"的境界。这是否与一般的常理背道而驰呢？

太极拳与竞技体育的差异

竞技体育的目标通常是"更高""更快""更强"。竞技体育一般追求的是身体力量、平衡、技巧等能力的出类拔萃，并以计时、打分、量重等方式判定成绩的高下与排名的先后。这些运动方式的集大成者是奥运会上的各个项目。太极拳则是以太极阴阳理论为基础，在"意"的引领下，通过特定的、舒展的圆弧运动方式，来达到使运动者身心平衡与健康的一种运动方式。

（二）"意"既是太极拳的前提条件，也是太极拳的存在方式和运动方式

太极拳建立在对"意"的理解与强调之上。在太极拳的各部经典著作中，开宗明义，反反复复地强调"意"的重要性和"意"对于太极拳的意义。王宗岳《太极拳论》通篇没有出现一个"意"字，但字里行间无不透露着对"意"的深刻理解与推崇。比如"……忽隐忽现……仰之则弥高，俯之则弥深……人不知我，我独知人……"以及"……显非力胜……快何能为！""……双重之病未悟耳。"在这些句子中，"意"贯穿其中。张三丰《太极拳经》中，则直接把"意"字作为灵魂，导入文章之中。比如"凡此皆是意……如意要向上，即寓下意……"等。"意"同时是太极拳的存在方式与运动方式。比如王宗岳《太极拳论》中的"虚领顶劲，气沉丹田""偏沉则随，双重则滞"，张三丰《太极拳经》中的"其根在脚，发于腿，主宰于腰，形于手指"等，都是在"意"指引下的行拳要旨。杨澄甫《太极拳十要》第六要"用意不用力"中指出，"若不用力而用意，意之所至，气即至焉……""意"在这里与"力"相对立，是一种唯一正确的行拳要领。"意"不仅是一种根本上的要求，更是运动中必须处处留心在意的对自身各项要领的关注。可以使动作符合太极拳的要求，并收到太极拳运动应该达到的锻炼效果。

在对太极拳"意"的理解中，还必须注意对"意念"与"意识"以及"下意识"等几种概念进行认真的区分。首先，"意识"作为太极拳"意"的总体概括是毫无疑义的。其次，"意念"作为太极拳中"意"的具体运用方法，指引着每个动作、每个思维的合

理运用和是否到位，是太极拳"意"的具体体现。最后是"下意识"。太极拳长期用"意"去引领动作与思维，在某种程度上形成了"下意识"的效果，并完成对自身的"异化"。

意识，意念，下意识

在《现代汉语词典中》，意识的解释相对繁杂——"意识"是"人的头脑对于客观物质的反映，是感觉、思维等各种心理过程的总和"，意识还有察觉之义；意念则是念头、想法之义，意念同时有主观性、愿望性、方向性和目的性；经过专门搜索，"下意识"的解释是——指知觉意识范围之外的心理活动和心理过程。在通常情况下，下意识往往被用作为无意识的同义词。心理学上的"下意识"指不知不觉、没有意识的心理活动，是有机体对外界刺激的本能反应。

(三)"意"的效用与异化

相对于物质世界的可触可感而言，"意"似乎显得"虚无缥缈"，但实际上，在太极拳体系中，"意"能够带来练习者的切实改变，具有明显的效用。同时，随着练习者对"意"的掌握与理解程度的加深，逐渐出现从"下意识"到"无意"的进化，从而完成"意"的异化。

王宗岳《太极拳论》中有"一羽不能加，蝇虫不能落，人不知我，我独知人""阴不离阳，阳不离阴；阴阳相济，方为懂劲"等句，《十三势歌》中则有"……气遍身躯不稍滞……因敌变化示神奇……腹内松静气腾然……满身轻利顶头悬"等句，这些都是在"意"的指导下练习者出现的变化与进展。杨澄甫《太极拳十要》中之第六要则有"……意之所至，气即至焉。……久久练习，则得真正内劲。"在上述语句中，太极拳练习者的"内劲"与"懂劲"紧密地结合在一起，都是基于由"意"到"气"的过程而产生或是生成的，是太极拳最重要的运动方式和运动特点。

在这里我们引入了"异化"的概念。在哲学上，异化是指把自己的素质或力量转化为跟自己对立、支配自己的东西。在太极拳中，会出现从"有意识"到"下意识"再到"无意识"的过程，这种"下意识"和"无意识"就是对"意"的异化。在资深太极拳练习者中会出现"挨到何处何处发"的现象，可以在下意识中发放所触碰到的外在物体。同时，在太极阴阳理论中，"无极→太极→阴阳→万物"是万物从无到有的过程。那么，把这个过程逆转，从"有"到"无"，从"有意"到"无意"，不正是太极拳的最高追求所在吗？

唐人李道子传有《授秘歌》一首，体现的是道家的智慧和"意"从有到无的阴阳转换关系，被许多高阶太极拳练习者引为经典。

授秘歌

唐·李道子

无形无象，全身透空。

应物自然，西山悬磬。

虎吼猿鸣，泉清河静。

翻江搅海，尽性立命。

三、太极拳经典对"意"的论述

（一）王宗岳《十三势歌》

在 12 节 24 句的《十三势歌》中，"意"字出现了 6 次，与"意"字相近相通的"心"字出现了 3 次，"意"与"心"总共在 8 节中出现了 9 次，频率之高没有先例。

"命意源头在腰隙"——"命意"的本义是主题、含意、用意、寓意等。在本句中，命意有意念、注意力之意。也就是把意念与注意力放在腰部、腰间。有的研究者把"命"解释为命门，内窍等，意为意念，即命门与意念相结合。也有的研究者认为"腰隙"指的是腰的间隙，或者是命门穴等。

"变转虚实须留意"——"留意"的本义是注意、小心、关切等。本句的意思是在虚实变换时要处处小心、留意。

"势势存心揆用意"——另有版本此句为"势势揆心须用意"。此句同时出现了"心"与"意"二字。"存心"即怀着某种念头，有意、故意。揆即推测、揣度。句子的意思是每一个动作或是势子都要怀着某种念头，并不断地揣摩这些动作的用意。

"刻刻留心在腰间"——时刻把注意力放在腰间。

"仔细留心向推求"——推求，寻求、探索之意。结合之前的句意，即对一定的太极拳动作或是势子不断地进行思索与探求。

"意气君来骨肉臣"——"君""臣"为相互对立又相互联系的概念，君为主臣为从。即太极拳以意气为主、为重，以骨肉即形体动作为辅、为从。重在意气，先有意气才有骨肉与形体动作。也有行家依照谐音把此句解读为"意气均，骨肉沉"，即在太极拳中只有意气均衡，方有骨肉（形体）的沉稳有序。

"想推用意终何在""字字真切意无遗"——此两句中的"意"是文字上"用意"的意思，与太极拳的"意"无关。

（二）张三丰《太极拳经》

与《十三势歌》相近，张三丰《太极拳经》充满着对"意"的描绘与推崇。"凡此皆是意，不在外面""如意要向上，即寓于意，将物掀起，而加以挫之之意"都是"意"的直接描述。其他如"气宜鼓荡，神宜内敛""由脚而腿而腰，总须完整一气"等，都是在"意"引领下的身体安排细节与要求。

（三）杨澄甫《太极拳体用全书》

杨澄甫所著《太极拳体用全书》是太极拳的经典著作，其"起势，第1节"中有"……立定时，头宜正直，意含顶劲。……尤要精神内固，气沉丹田……守我之静，以待人之动"句，其中的"意含顶劲""精神内固""守我之静""合太极式，第94节"中有"……即收其心意气息，复全归于丹田。凝神静虑，知止有定"句，其中的"收其心意气息""凝神静虑"等，都是从意与意念的角度诠释太极拳的要领。

"心"的溯源

综合《辞源》（第2册）（商务印书馆，1980年修订第1版）中对"心"的释义。心，心脏，为人体器官的主宰，旧时习惯称心为思维的器官。《孟子·告子（上）》："心之官则思。"心也是思想、意念、感情的通称。《诗经·小雅》巧言:"他人有心,予忖度之。"相近的组词有:心灵、心情、心机、心意、心仪,心得、用心、谈心等。

(四)杨澄甫《太极拳十要》中的第六要"用意不用力"

"《太极拳论》云:此全是用意不用力。练太极拳全身松开,不使有分毫之拙劲,以留滞于筋骨血脉之间,以自缚束,然后能轻灵变化,圆转自如。或疑不用力何以能长力?盖人身之有经络,如地之有沟(壑),沟(壑)不塞而水行,经络不闭则气通。如浑身僵劲满经络,气血停滞,转动不灵,牵一发而全身动矣。若不用力而用意,意之所至,气即至焉,如是气血流注,日日贯输,周流全身,无时停滞。久久练习,则得真正内劲。即《太极拳论》中所云'极柔软,然后能极坚刚'也。太极拳功夫纯熟之人,臂膊如绵裹铁,分量极沉;练外家拳者,用力则显有力,不用力时,则甚轻浮,可见其力乃外劲浮面之劲也。不用意而用力,最易引动,不足尚也。"

第三节 太极拳以腰为轴

一、"腰"的作用与地位

太极拳给人印象最深的是它的"慢(缓)"和"柔",但最脍炙人口的是它的"以柔克刚",而对于"腰"这个太极拳的思维与练习要素则被人们所忽略。事实上,在太极拳的各种思维和要领中,

"腰"同样是顶级的思维要素之一。"腰"相比前面所探讨的"松柔""意"等太极拳概念，除了同样具有一定的抽象意义以外，还具有一定的实践意义，是一种必须通过具体的身体运动形式去体现与实践的太极拳重要理念。

王宗岳《太极拳论》中有"立如平准，活似车轮"句。车轮除了轮胎、轮毂外，最重要的部分就是车轴。车轴是车轮的动力来源，它既决定车轮的动力大小，也决定车轮的方向。在太极拳中，车轴指的就是练习者的"腰"。《十三势歌》开宗明义，其第1段即是"十三总势莫轻视，命意源头在腰隙"，第5段则是"刻刻留心在腰间，腹内松静气腾然"。"腰隙"有人理解为腰际，也就是身体中腰的部位，是一个范围，隙即是际的谐音。也有人认为"腰隙"就是"命门穴"，更有人认为是"腰眼"，不一而足。而对于"腰间"的争议则不多。

张三丰《太极拳经》对"腰"的论述也相当充分。文中有"其根在脚，发于腿，主宰于腰，形于手指。由脚而腿而腰，总须完整一气""有不得机得势处，身便散乱，其病必于腰腿求之"。也就是说练习者的每一个动作都由脚到腿再到腰然后才到手指，如果动作不到位、不完整或是出现散乱等问题，肯定是这个顺序以及练习过程中出现了问题。腰就是所有这一切的主宰。这里"形于手指"省略了由背、脊到肩到臂再到指这一由腰到手的动作过程，这主要是出于文字精练的需要。

杨澄甫《太极拳十要》的第三要"松腰"中说道，"腰为一身之主宰，能松腰然后两足有力，下盘稳固。虚实变化皆由腰转动……"在这里，杨澄甫先生强调了腰的主宰作用和虚实变化的根据，而且点明了腰发挥作用的前提是"松",这与太极拳"松柔"的总体要求是一致的。

此外,还有"心为令,气为旗,腰为纛"(纛,古代中军大旗,音"到"),以及"气如车轮,腰似车轴"等太极拳经典名句。

由此可见,太极拳中对腰的理解必须放在两个层面上。一是轴心说。人体重心在站立时一般在肚脐到腰椎连线的中点上,这与通常所说的"腰"位置刚好重合。从科学角度而言,掌控好"腰"这个人体重心,也就能掌控好人体的平衡,人体力量的运用就会最节省、最顺达。同时,太极拳的腰轴心说把人比喻为车轮,也与阴阳图的圆外形相符。下有脚和腿,上有背和臂,腰居于承上启下的中心位置。太极拳的以腰为轴说,既符合科学原理,又与阴阳理论相契合。二是主宰说。《十三势歌》的第1段即把"腰隙"列为十三势的"命意源头",就是说"腰"是太极拳的根本出发点;在第6段又要求练习者时时刻刻地留意自己的"腰间"。《太极拳经》有"主宰于腰"句,《太极拳十要》有"腰为一身之主宰"句。"腰"在太极拳中的主宰作用已经被诸多的太极拳巨匠一再强调,这已是确定无疑的了。

二、"腰"的生活比喻

太极拳练习者的身体动作与一般日常生活的动作不同,是按照特定顺序进行的。也就是上面所说的"脚→腿→腰",再由"腰→脊→肩→臂→手",腰居于中心(轴)的位置。生活中我们可以经常看到以这种顺序排列的,以轴为中心的动作或现象。

——带操

大家都见过艺术体操中的带操，只见婀娜多姿的少女手握一根不长的手柄，顶端系有数米长的彩带。少女轻抖手腕，彩带或是上下翻飞，或是化成接二连三的形态优美的大圆和小圆。

——货郎鼓

北方幼童经常玩一种叫作"货郎鼓"的小玩具。只见稚嫩的小手转动手柄，小鼓上系的两只小锤击打在鼓面上砰砰作响，然后幼童小脸上会露出阳光般的笑容。

——扔石子

大家孩童时代都往池塘中扔过小石子。只见石子落处，激起的涟漪一波波地向外飘荡出去。

——舞龙

在中华文化圈，无论海内海外，每逢喜庆节日，人们都会舞龙。舞龙由龙头、若干节龙身和龙尾，以及前方引导员的彩球组成。舞龙各部分间用绘制的彩布连接，由舞龙人手举着彩龙上下翻飞。舞龙时，绣球是引导，龙身跟随绣球做着各种起伏、穿插、扭动等动作，长龙舞动，蜿蜒舒展，甚是好看。

这几个人们熟悉的事物或是场景有一个共同点，都可以找出它的"轴"心。

带操的"轴"是少女手的短柄，货郎鼓的"轴"是位于下方的手柄，而石子落在池塘水面的位置，舞龙时的龙头，都同样可以看作是"轴"。上面的这些"轴"，都引出一波一波的，由中心向外顺序扩展的波峰和波谷。这些"轴"可以比喻为太极拳中的"腰"，这顺序扩展的波峰和波谷，可以看作是由脊到肩，由肩到臂，再由臂到手的依次动作。向下则可以反向地看成由腿到脚再到脚掌。太极拳专业名词"节节贯穿"说的就是这种以腰为中心点，依次向四肢末梢进行的动作。只有按照这种以腰为轴的动作顺序坚持不懈地练习，才能达到"腰如车轴""活似车轮"的效果，才能使练习者的身体形成一个整体，才会产生太极拳特有的"整劲"。

艺术体操中的带操

带操的器械由棍、尼龙绳或带构成。棍长50~60厘米，直径不超过1厘米。带采用缎或类似材料制作，长6米，宽4~6厘米，重35克以上。带操由绕环、螺形、抛接、摆动、跳跃、平衡、转体、8字以及蛇形等动作编排而成，动作柔软、流畅、飘逸、优美。带操既可以作为比赛项目，又可以作为表演项目，还可以通过带操练习达到健身目的。

三、"腰"与"松""柔""意"

把腰提升到太极拳的顶级概念具有重要的意义，同时腰与松、柔、意等概念有着不可分割的联系。这些概念共同构成了太极拳的整体。

正是由于腰在太极拳体用中的重要位置，太极拳基本上所有的要求，包括"松""柔""意"等都体现在对腰的基本要求和运用上。

杨澄甫《太极拳十要》中的第三要"松腰"指出，"腰为一身之主宰，能松腰然后两足有力，下盘稳固。虚实变化皆由腰转动……"也就是说，腰成为"主宰"，首先必须做到"松"。反过来说，如何体现"松"，如何做到"松"，关键点就在腰上。松固然是全身的舒展与放松，但腰是全身的"主宰"与"轴心"，因此，松首先必须体现在腰上。"僵力"与"拙力"是与"松""沉"相对立的概念。对于四肢等身体部位而言，要做到表面上的放松并不是太过困难，只要刻意训练一段时间大致就可以达到要求。但对于躯干包括这里所说的"腰"而言，去除"僵力""拙力"，达到太极拳中松的要求，难度就大为提高。这正是太极拳的练习重点所在。

第四节　太极十三势

一、太极十三势

太极十三势有两层含义。一是作为太极拳的动作名称。在王岳宗《太极拳释名》一文中有，"太极拳，一名长拳，又名十三势。十三势者，分掤、捋、挤、按，采、挒、肘、靠，进、退、顾、盼、定也。"即8种手法（身法）加5种步法（身法）为太极拳的13种基本动作要领，并据此取名。在张三丰《太极拳经》中有"长拳者，如长江大海，滔滔不绝也"。在王宗岳等先人的时代，太极拳的名称又称为"长拳"和"十三势"。二是作为太极拳的基本运动要领，即手法、步法、身法的名称。手法大致是指掤、捋、挤、按、采、挒、肘、靠。步法大致是指进、退、顾、盼、定。进、退、顾、盼、定又可以详细地称为"进步""退步""左顾""右盼""中定"。而这些手法、步法其实是与身法融为一体的。比如"靠"与

"中定"称之为身法更为恰当，其实称为身法也无不可。而且三种法则又相互结合，共处一体，相互联动，不可简单地区分开来。

二、十三势的抽象意义

(一)"文王八卦"说

王宗岳在《太极拳释名》中写道："掤、捋、挤、按，即坎、离、震、兑，四正方也；采、挒、肘、靠，即乾、坤、艮、巽，四斜角也。此八卦也。"

按照这个叙述，从对八卦理论的认知中，我们可以想定其对应的八卦图形为以下这种形式。

代表太极拳方位的八卦一般称为"文王八卦"，又称为"后天八卦"。后天八卦一般认为是由周文王根据先天八卦和洛书推演而来的，主要用于表现世界的运转规律。其由坎卦起，离卦终。中宫为五，是太极即阴阳的所在。

八　卦

太极生两仪，两仪生四象，四象生八卦。八卦相传是由伏羲创造的，最早见于《周易》，"作结绳而为网罟"。八卦反映的是事物的阴阳变化，用"一"代表阳，用"－－"代表阴，分别称之为阳爻和阴爻。三组阴阳可以构成特定的中国古老哲学符号，分别是乾（☰）、震（☳）、坎（☵）、艮（☶）、坤（☷）、巽（☴）、离（☲）、兑（☱）。乾代表天，坤代表地，巽（xùn）代表风，震代表雷，坎代表水，离代表火，艮（gèn）代表山，兑代表泽。

八卦包含了世间万物，同时又可以用来推演世间的时间与空间。

文王八卦的次序：坎卦第一，坤卦第二，震卦第三，巽卦第四，五为中宫，乾卦第六，兑卦第七，艮卦第八，离卦第九。

先天八卦与后天八卦

先天八卦又称为伏羲八卦，相传来自河图。先天八卦的顺序是：乾一、兑二、离三、震四、巽五、坎六、艮七、坤八，中间数为零。后天八卦又称为文王八卦，相传来自洛书。后天八卦的顺序是：坎一、坤二、震三、巽四、中五、乾六、兑七、艮八、离九，中间数为五。一般认为，先天八卦要说明的是世界起源的问题，后天八卦则是要表现世界的运转规律。两种八卦在中国传统易学中分别代表的数字、方位与作用不同，相互并立，互为助益。

（二）"五行说"

在太极十三势中，进步、退步、左顾、右盼、中定，即进、退、顾、盼、定，与金、木、水、火、土五行相互对应。进为火，退为水，顾为木，盼为金，中定为土。

五行及其相生相克

五行学说是华夏文明的重要组成部分，是中国古代的朴素唯物论。古人认为，天下万物皆由五类元素组成，分

别是金、木、水、火、土。这五种元素之间存在相生相克
的关系。相生关系：木生火，火生土，土生金，金生水，
水生木。相克关系：金克木，木克土，土克水，水克火，
火克金。

（三）杨氏传抄老谱《八门五步》

清代杨氏传抄老谱中的《八门五步》分别以"八门""五步"
对十三势进行了阐述。①

"掤、捋、挤、按、采、挒、肘、靠——方位；坎、离、兑、
震、巽、乾、坤、艮——八门。方位八门，乃为阴阳颠倒之理，周
而复始……以身分步，五行在意，支撑八面——夫进退为水火之步，
顾盼为金木之步，以中土为枢机之轴——其数十三，出于自然。"

大意为，十三势中的掤、捋、挤、按、采、挒、肘、靠可以归
入八卦中的八门中，与阴阳之理相符，循环往复，周而复始。进退
为水火，顾盼为金木，中定为土，居于中枢和轴心位置。八与五之
和为十三，来自自然，并与自然规律相吻合。

（四）对十三势"掤"与"中定"的思考

在太极十三势中，"掤"不仅居于首位，也在八卦即八种劲法中
居于第1位。"中定"则在十三势中居于最末尾位置，在五行中也居
于最后一位。也就是说，"掤"与"中定"分别居于太极十三势的
首尾位置。这是无意巧合，还是内有深意？太极高手们会对你说，
这绝非巧合！"掤"又叫"掤劲"，是太极拳练习者在练习中产生的

---

① 王宗岳，等. 太极拳谱［M］. 北京：人民体育出版社，1991：112.

独有劲法，在太极拳八种劲法中，也在十三势中起到基础与统领作用。"中定"也绝非简单地在前后左右中的居中关系，而是代表了太极拳中本质性的东西。五行中，"中定"为土，亦为本。从字面上看，中为轴，为腰；定为静，居中亦为静，皆与太极拳的基本原理相吻合。因此，必须高度重视十三势中居于首尾的"掤"与"中定"两种概念的本质性作用。

三、十三势中的掤、捋、挤、按

（一）掤

"掤"即"掤劲"，既是太极八劲之首，也是太极十三势之首。杨澄甫所著《太极拳体用全书》中的第二节"揽雀尾掤法"中写道："……同时将左手提起到胸前，手心向内，肘尖略垂。即以我之腕贴在彼之肘腕中间，用横劲向前往上掤去。"[①] 其动作要领大致是：手提至胸前，手心向内，垂肘，与对手的接触点（意念中的接触点）为手腕处，使用横劲，力的方向向前往上。

手心向内为阴，用手腕外侧为阳。以自身之阴蓄劲，以自身之阳发放，"掤"体现的是太极拳进取性的一面。

"揽雀尾"是太极拳中起势之后的第一个动作，同时也是重复率最高的动作组合。可以说，"揽雀尾"是太极拳最基本的，也是最重要的动作。所谓"太极十年不出门"，正是在这种貌似单调的千万次的重复动作中，太极拳练习者的技艺得到提高，对太极拳的领悟产生了飞跃，身体也发生了质变。

---

① 杨澄甫. 太极拳体用全书［M］. 上海：上海书店，1986：2.

词语解读:"掤劲"与"绷紧"

"掤"是一般字典没有注释的词语,也是众多电脑输入法没有收入的字形。因此,"掤"和"掤劲"已经成为太极拳的专用词语。在对"掤劲"的思考中,我们发现有一个近音词"绷紧"与之具有某些联系。"绷紧"有"使拉紧""尽量拉长并拉紧"之意。而在"掤"的动作中,人的手心、手背和前臂,包括人的周身,都有一股张力,也就是有一股若有若无的拉长拉紧之意。这种张力可能并不明显,但确实是存在的。

(二)捋

《太极拳体用全书》第二节"揽雀尾捋法"中写道:"……右左手同时圆转,往右前出动。右手在前,手心侧向里。左手在后,手心侧向内。……以腕背粘彼之腕背臂上,(捋)向左侧……"捋劲动作紧随掤劲动作,其动作特点是双手手心相对,并呈前后状地在身体的同一侧(左侧)向左后、左下捋动。在做"捋"的动作时,双手协调,手脚协调,全身协调。同时双手和周身仍然带有掤劲。如此长久练习,可以帮助增进全身的协调性和促进内劲的增长。

(三)挤

《太极拳体用全书》中的第二节"揽雀尾挤法"中写道:"由前势,设敌人往回抽其臂,我即屈右膝,右脚实,左脚伸直,伸腰长往,随之前进。眼神亦直前往上送去。同时速将右手腕向外翻出,左手心贴我之右腕臂间,向前往。乘其抽臂之际,随出挤之,则敌必应手而跌矣。"其动作特点是，敌退则我进。乘对手收臂时右手腕向前挤出，左手成掌，手指紧随右腕和右臂之后同步挤出。同时眼神亦配合向前送出，形神一体。

（四）按

《太极拳体用全书》第二节"揽雀尾按法"中写道："由前势，设敌人乘势从左侧来挤，我即将两腕，从左侧往上用提劲，空其挤力。手指向上，手心向前，沉肩坠肘，坐腕，含胸，全身坐于左腿。速用两手心按其肘及腕部，向前逼按去。屈右膝，坐实。伸左腿腰亦同时往前进攻。眼神随动往前从上送去，则敌人即后仰跌出矣。""按"主要用于应对对手的"挤"。其动作特点是，双腕用向上的提劲放空对手的挤劲，之前迅速用两手心向对手的肘及腕部按去。此时处在沉肩坠肘状态，手部呈坐腕，含胸拔背，重心在左腿，分虚实。如此一来，敌即后仰跌出。

——对"掤""捋""挤""按"的思考

王宗岳《打手歌》中云："掤捋挤按须认真，上下相随人难进。任他巨力来打我，牵动四两拨千斤。引进落空合即出，粘连黏随不丢顶。"掤、捋、挤、按是太极十三势中排名居前的四个势子，也是太极拳传统套路中除起势外的首个势子"揽雀尾"中的几个基本动作。在对掤、捋、挤、按四个势子的解读中，杨澄甫先生一步一步地向读者介绍了太极拳的基本要求，如周身一家、形神相融、沉肩坠肘、含胸拔背、上下相随、内外相合、分虚实等。作为重复率最高的太极拳动作，练习者只有经过对掤、捋、挤、按的反复认真磨炼，方能真正了解太极拳的基本要领，进而掌握太极拳的内涵与精髓。

郑曼青评说 "揽雀尾"

郑曼青是杨澄甫十大弟子之一,深得杨师真传。在郑曼青所著《杨澄甫秘传口诀十二则》中,有两则提到"揽雀尾"及"掤、捋、挤、按"。"六、曰似拉锯式之揽雀尾……有二意:一曰,舍己从人。顺其势,可以得化劲与走劲之妙用。二曰,彼微动,己先动……十一、曰须认真……掤若掤到人家身上去,捋若捋到自己身上来,都是错认。掤不要掤到人家身上去,捋不要捋到自己身上来……"

"揽雀尾"

"揽雀尾"由"掤""捋""挤""按"四个太极拳的基本动作组成。在85式太极拳中,"揽雀尾",包括"上步揽雀尾"一共重复了7次("单鞭"重复了8次,但其动作要求相对简单)。"揽雀尾"是杨氏与吴氏太极拳采用的名称,其他太极拳则把相似动作称为"懒扎衣""揽扎衣""揽擦衣"等。"揽雀尾"的四个动作包括了"掤"这一太极十三势之首,其动作组合是太极拳的核心精华之一。

第五节 太极拳的进阶之路

本书前三章对于太极拳的意义与基本概念等进行了阐释，而在本节，将对太极拳练习者的成长过程和成长方式进行一个小结。大致上，我们把太极拳练习者的进阶之路归纳为下面三种视角。

一、长期论——用力日久，豁然贯通

> "太极十年不出门"
>
> ——太极拳谚

释义："太极十年不出门"是一项被社会大众和太极拳界所广泛认同的基本共识。但也受到个别人的非议。之所以受到社会大众的广泛认同，是因为太极拳历代泰斗从来没有向大众灌输过"速成"的理念，而是要求广大练习者按部就班，一步一步地在练习中学会、弄懂太极拳的基本动作要求，并从中感悟与提升内劲，进而达到大成。太极拳从来不提倡速成，也不可能速成。"太极十年不出门"这句话客观地反映了太极拳的学习规律，无疑是成立的。太极拳巨匠杨露禅三下陈家沟向陈长兴学拳，前后历时 16 年，从此誉满天下。天才般的大师尚且如此，何况我们普通的练习者呢！因此，广大练习者必须树立刻苦耐劳精神，切记欲速而不达，潜下心来把基础打牢，进而登堂入室，学好太极拳。

对于"太极十年不出门"，个别"太极拳人士"认为，"太极十年不出门"的说法减少了太极拳对年轻人的吸引力。在网吧、论坛等场所，也时不时有人在鼓吹"速成论"。这些都是不实之词。首先，要吸引广大青年参与太极拳运动，重在向他们全面推介太极拳的文化内涵，并帮助他们全面深入地了解太极拳运动。目前许多地方的中小学在传统文化素质教育中引入了太极拳文化教育，这才是正确的路子。其次，速成论者喜欢拿武禹襄和孙禄堂的学习过程为例，殊不知这些大师们本身已经沉浸太极拳多年，或者本身是内家拳（形意拳、八卦掌等）大家或宗师，他们的速成完全非常人可比。因此，我们提倡完整、全面地学习太极拳知识，一步一个脚印，循序渐进，彻底摈弃"速成论"。

　　　　"然非用力之久，不能豁然贯通焉。"

　　　　　　　　　　　　　　——王宗岳《太极拳论》

释义：这两句是因果关系。大意是，如果不是长期的练功和用功，就不能达到对太极拳拳理突然顿悟的结果。这里的条件是"用力之久"，就是用功日久之意。在长期的用功后，结果是甘甜的，会对太极拳拳理"豁然贯通"，也就是突然领悟的意思。

　　　　"每见数年纯功，不能运化者……"

　　　　　　　　　　　　　　——王宗岳《太极拳论》

释义：用功的前提是正确地用功，不正确的用功是没有效果的。

有些人即使练习了数年甚至更久，但由于不是在正确的方法和理论指导下，没有掌握正确的练习手段，就仍然掌握不了太极拳的精髓，达不到太极拳的练习效果，难以对对手的劲力进行运化。

"入门引路须口授，功夫无息法自修。"

——王宗岳《十三势歌》

释义：学习太极拳必须有明白拳理的师傅作为引路人，口传身授，之后就需要练习者自身不断地下苦功了。只要练习者找准明师并坚持不懈地练习，练习者自然会修得太极拳的功法，真正领悟到太极拳的奥秘。这就是一分耕耘一分收获的道理。

"学者若费一日之功力，既得有一日之功效，日积月累，水到渠成。"

——杨澄甫《太极拳之练习谈》

释义：练习者每坚持苦练一天，就会有一天的功效。长期地坚持下去，经年累月，日积月累，对太极拳的理解就会逐渐地增加，自身的太极拳运用能力也在不断地增长，一步一个脚印，水到渠成，直到真正地领悟太极拳的要领。

"……而要紧者，是在逐日自身之锻炼。否则，谈论终日，思慕经年，一朝交手，依然是个门外汉……"

——杨澄甫《太极拳之练习谈》

释义：对于练习者而言，最重要的事情是每天坚持锻炼。有一些练习者，总喜欢与人讨论太极拳趣闻，心中也非常仰慕太极拳功夫，但一经试探，这些人仍然只是太极拳的门外汉。这就是因为他们往往一曝十寒，喜欢练就练，更多的时间去忙其他的事情，把每日练习的要求抛诸脑后。

二、体悟论——默识揣摩，从心所欲

"师傅领进门，修行靠个人。"

——太极拳谚

释义："师傅领进门，修行靠个人。"是人们耳熟能详的拳谚。太极拳一方面在基本原理上有一套内在的机理，以作为广大练习者学习的基础与依据；另一方面，太极拳十分重视师承过程中教与学的传承与互动，在此基础上练习者经过刻苦的练习，方可习得太极拳的感受与能力。在太极拳学习中，一般要由明白拳理的师傅（即所谓"明师"）进行讲授与示范，练习者则在拳理与动作的逐步领悟、掌握与熟识中达到入门的程度并逐步提高。在入门之后，练习者能否真正掌握这门手艺或技艺，就要看他的领悟能力和刻苦练习的程度了。也就是说，一个人的成功是综合因素相互作用的结果，但最基本的，练习者必须具备刻苦的精神。每个人的天分与理解能力都不相同，能够达到的成就和高度各不相同，但有一点是相同的——只有刻苦努力的人才能达到胜利的彼岸。

"懂劲后愈练愈精，默识揣摩，渐至从心所欲。"

——王宗岳《太极拳论》

释义：如前所述，"懂劲"是太极拳中的一个重要台阶，是"着熟"与"神明"之间不可缺少的过渡阶段。太极拳练习者在熟练地掌握各个"招数"，身体也产生相应的改变后（身体更柔、更整），就会迈入"懂劲"阶段。懂劲之后练习者对太极拳的理解能力非初学者可比，其对太极拳的精髓掌握得更为深入与全面，其太极拳能力也越练越强。在懂劲阶段，已经初步登上太极拳殿堂的练习者，学习愿望更强了，学习效果也更好了，开始进入良性循环阶段。练习者在掌握深厚的太极拳理论的基础上，会仔细地体验自己的每一个动作，并与各个经典所描述的情形与原理相对照，巩固所学，深化认识。坚持这种认真、积极的学习态度并持之以恒，便会结出丰硕的成果。从懂劲之初对自身功夫进展的惊喜，到逐步适应这种变化，并产生种种新的体悟，再到驾驭自如、随心所欲，练习者就这样一步一步地从太极拳的必然王国向自由王国迈进。

"每见数年纯功，不能运化者，率皆自为人制，双重之病未悟耳。"

——王宗岳《太极拳论》

释义：一些练习者下了多年的苦功，但仍然不能轻松地化解掉对手的劲力，而是被对手所制约，都是因为他们在平时的习拳过程中未能领悟"双重"的毛病。

"势势存心揆用意，得来不觉费功夫。"

——王宗岳《十三势歌》

释义：意在拳之先，心与意是太极拳练习的先导。在经年累月的练习中，如果每一个势子都存心用意，那么练习者悟得太极拳的哲理与精髓就是水到渠成、顺手拈来之事。

"仔细留心向推求，屈伸开合听自由。"

——王宗岳《十三势歌》

释义：在习拳中处处留意，势势用心，才可以在以后的练习中无论是身形的折叠，还是心意的开闭，都能得心应手、挥洒自如。

"……学者悉心静气，默记揣摩，而照行之……初学之时，先此数句，朝夕揣摩，而体会之。一式一手，总需仔细推求。举动练习，务求正确……"

——杨澄甫《太极拳之练习谈》

释义："揣摩"一词再次出现在太极拳经典拳论中，足见这个词汇对于太极拳学习的重要性。揣摩有反复思考、推求，以及忖度，估量、研究，玩味等之义。太极拳是一项足以玩味一生的运动，只要刻苦练习、用心领悟，在初学、入门、提高等每一阶段都可以产生不一样的体会，都会有不同的收获。

三、阶段论——着熟，懂劲，神明

"由着熟而渐悟懂劲，由懂劲而阶及神明。"

——王宗岳《太极拳论》

释义：着熟，懂劲，神明是一种太极拳的学习阶段或过程。

一般的武术爱好者都喜欢阅读武侠小说，在小说作者的妙笔生花下常常喜欢用"功力"去评价那些亦正亦邪的大侠们或是某一门派的功夫。比如深不可测、功力深厚、神功盖世、出神入化等，这些描写会使得年轻的爱好者热血沸腾。个别爱好者也喜欢用功力来衡量练习太极拳的程度，甚至有一些开馆授徒者也喜欢用功力论来招徕。但在以《太极拳论》为首的太极拳经典中，从来没有用"功力"去形容与衡量功夫的深浅，而是用阶段去代表太极拳的进阶过程，这就是我们说的"着熟，懂劲，神明"这一递进过程。太极拳充满了中国传统、朴素的哲学智慧，使用一步一个脚印的阶段式论述，充满了实践色彩，远离了虚无缥缈、难以度量的"功力"之说。

（一）第一阶段是"着熟"

"着"通"招"，有招数、招式之意。因此，"着熟"可以表示为"招熟"，就是招式熟练之意。但需要留意的是，何为"着熟"，这在普通爱好者眼中和在太极拳高阶人士眼中是大相径庭的。普通爱好者眼中的太极拳最高标准顶多是打得"好看"，要不就是说有"太极味"。而要问到什么是"太极味"？那就回答不上来了。而在太极拳业内，"着熟"的概念要广得多、大得多。着熟首先是要做到动作的完整、连贯。形似是着熟阶段的基本要求。要把每一个动作都做到位，方位、角度、转折、伸脚、迈腿、身形、手形等都要符合基本的要求。着熟的第二阶段是对一些太极拳关键点的仔细刻画与雕琢。比如如何做到以腰为轴？如何做到力由脚生？等等，都是这个阶段必须要解决的问题。最后是"着熟"的高级阶段。这个阶段的太极拳练习者要做到招式的上下相随、内外相合、用意不用力等等。到达这个阶段的练习者，动作必定是松柔的，连接必须是顺畅的，意气饱满，开合有度，内气开始在腹内升腾，并逐步延展到手和指。达到这个阶段的练习者，其套路动作大致就是普通爱好者所说的充满了"太极味"。

（二）第二阶段是"懂劲"

懂劲在太极拳中是紧随着熟之后的第二个阶段，也是承上启下的一个阶段。经过长时间的艰苦锻炼，随着招式的逐渐熟练，练习者身上的拙劲会逐步消散，身体会变得更加柔顺，气机会在体内逐步积累。这里要关注两个要点———一个是长时间的训练，另一个是正确的训练。试图走捷径、一步登天在太极拳中是行不通的。太极拳要想有所成就，就必须下苦功去练习，经年累月地去练习。同时练习的过程必须是正确的。行进的方向不对，会使你离目的地越来越远！练习的方式、方向不正确，对于提高太极拳技艺完全于事无补。

在满足上述"时间"与"方法"两个条件后，许多练习者身体会产生一定的变化。这些身体变化的内在表现形式主要是人的气机更加充盈，反应变得更加敏捷，脚步变得更加轻盈。不管是青年还是中老年，走在路上不会再扭到脚脖子（俗称"崴脚"）。一些练习者无意中撞到硬物，比如茶几、桌角等时，会出人意料地撞得皮开肉绽，青一块紫一块，甚至破皮出血都是常事。一些练习者无意中碰到别人，会把人弹得老远，等等。这些现象的出现，说明练习者的身体中不仅出现了"气"，而且产生了"劲"。这种"劲"是练习到一定程度时自然产生的，不是刻意的追求，每个人产生"劲"的时间点和"劲"的大小也各不相同。凡此种种，当练习者在练习与生活中不断地面对这些情况时，终有一天会恍然大悟——原来这就是太极拳！而这种顿悟，就是太极拳的"懂劲"。

懂劲是太极拳练习的重要阶段。懂劲之后，练习太极拳才真正成为一种乐趣。每趟套路下来，练习者神清气爽、意趣盎然，在日积月累的练习中既增长了自身的能力，也增长了自身的见地。在推手中，发放变得更加的利落、爽脆，化解对手的发力变得更加的轻松、自如。练习者用心领悟、刻苦训练，为数不多的一些人则逐步迈入下一个阶段——"神明"。

（三）"神明"是太极拳的第三阶段，也是最高阶段

按拳论中的排列顺序，由"着熟"到"懂劲"，再到"神明"。这就犹如一座金字塔，以"着熟"为坚实的基础，逐步构筑起"懂劲"这个主干和塔身，最后到达"神明"这个光辉夺目的塔尖。

打开《现代汉语词典》，其对"神明"的解释是这样的——神明，神的总称。太极拳是一种传统的武术项目，并非一门宗教或是一种神话，而是实实在在的对自身的内心观照与磨炼过程。因此，"神明"作为太极拳练习的最高等级，指代的是练习者中有着超人能力的，或是指拥有特别高超的，令人出奇、惊异能力的那部分太极拳练习者。

　　武氏太极拳第二代宗师李亦畬在其著作中指出，太极拳"神而明者，代不数人"。也就是说太极拳练习者中能达到神明高度的，十数年间也不过是寥寥数人罢了。这还是在传统武学兴盛的中国近现代。而在崇尚快餐文化、现代文化的今天，浮躁是人们的通病，因此这个数字恐怕要打个大大的折扣。

　　王宗岳《太极拳论》中说道，"由着熟而渐悟懂劲，由懂劲而阶及神明。然非用力日久，不能豁然贯通焉。"因此，我们可以从《太极拳论》中找到"神明"这一崇高境界的蛛丝马迹。

　　首先，"着熟—懂劲—神明"是一个前后排序的过程，不可缺少其中任何一个环节。能不能从着熟直接跳到神明，或是没有经过着熟直接从懂劲飞跃到神明，都是不可以、不可能的。其次，必须"用力日久"。必须经过经年累月的长时间练习，方有可能踏上进阶的每一个台阶。最后，这是一种顿悟。顿悟也就是"豁然贯通"，是经过长时间的体验与思考后突然来了"灵感"，一下子领悟了太极拳的要义，达到了懂劲或是神明的程度。前者是后者的条件，但后者不一定是前者的结果。这是值得注意的。

　　在《太极拳论》的语句中，我们可以看到"神明"所应达到和所能达到的程度。

　　"太极者，无极而生，动静之机，阴阳之母也。"——太极拳的本源是老子所创的道家学说。神明者，应明太极，识阴阳。

　　"动之则分，静之则合。无过不及，随曲就伸。"——动为分，静则合。一切都要应敌而动，恰如其分。

　　"左重则左虚，右重则右杳。……一羽不能加，蝇虫不能落，人不知我，我独知人。"——神明者，左重也是左虚，右重也是右杳，虚实同体，阴阳并存。羽毛和蝇虫这么轻微的物体都能感知，当然能够做到人不知我，我独知人。

"懂劲后愈练愈精，默识揣摩，渐至从心所欲。"——如何达到"神明"？这句话再清楚不过地表明了其过程。懂劲后还必须勤学苦练，并不断地精进，内心不断地进行更高层次的体悟，最后达到"从心所欲"的程度。而这种高境界，就是太极拳的"神明"。

第四章

现代太极拳训练

第一节　基于《太极拳十要》的训练要领

太极拳是一项讲究"规矩"的运动。太极拳的各种拳式与套路丰富多彩，令人目不暇接。面对此情此景，一些入门者觉得太极拳似乎没有规律、规则可循。但其实对于初学者来说，"规矩"十分重要。太极拳中的"规矩"是指太极拳动作中对身体各部位的要求，各个动作之间的衔接与连接，意识对动作的支配与指导，以及对身体内外、上下等多维度的基本要求，等等。正所谓"无规矩不成方圆"，太极拳只有从每一个细节抓起，方可打下坚实的基础，方能真正领悟太极拳的内涵，方能登上太极拳的顶峰。

杨澄甫是太极拳巨匠杨露禅之孙，是杨氏太极拳理论与实践的继承者、创造者和最后的定型者，其所著的《太极拳十要》总结了近现代太极拳理论的各种发现和研究成果，并深刻地融入了其自身的研究与思考，是杨氏太极拳的经典理论作品之一，也是迄今为止最权威的太极拳著作之一，受到各流派太极拳的一致推崇。

《太极拳十要》是指太极拳的 10 个基本要领，这些要领有些具体，有些抽象，犹如一块块拼图，组合起来就是完整的太极拳练习要求。对于初学者而言，把这 10 个训练要领一个个地攻克、领悟，就可以逐步达到太极拳的要求，并一步一步地迈入太极拳的雄伟殿堂。

一、虚灵顶劲

"顶劲者，头容正直，神贯于顶也。不可用力，用力则项强，气血不能流通，须有虚灵自然之意。非有虚灵顶劲，则精神不能提起也。"

——杨澄甫《太极拳十要》

释义：王宗岳《太极拳论》中有"虚领顶劲，气沉丹田"句。武禹襄《十三势行功要解》也有"立身中正安舒，支撑八面"句。"十要"中的第一要集中在对练习者头部的要求上。从杨澄甫的原文可以看出，练习者首先必须"精神提起"，就是练习者精神必须集中、专注、自重、自信，切不可低沉、萎靡。要做到这点，就要求练习者的头部正直但不僵硬，神意轻轻地贯注在头顶，并自然地、虚灵地向上领起。在这个过程中，头部切不可用力，用力则头部和周身的气血不能流通。头是人的中枢，大脑是人的思维场所，头部同时是人体经脉汇集之地。把头部的要求处理好，就为以后的练习打下良好的基础。综合而言，太极拳对头部的要求就是"直""虚"

"领"。

训练要义：杨澄甫大师把"虚灵顶劲"放在十要中的第一要是有深意的。"虚灵顶劲"其实就是对太极拳起势的身体调整要求。众所周知，起势在太极拳套路中起到为整套动作定调的作用。起势做得好，之后的整个套路就基本做得好。而"虚灵顶劲"这个第一要领，则是放在起势动作之前的。在做整个套路前，先要调整好自己的身体状态，"立身中正""支撑八面""含胸拔背""沉肩坠肘"等全部都要调整到位，在静默五六秒钟后方可开始动作。"虚灵顶劲"重在一个"虚"字。这不是用意念全神贯注地去硬拔头顶，而是用一种虚无的甚至是空灵的意念，把头顶向上轻轻地领起，并贯穿到整套动作的始终。虚灵顶劲的阴阳对立面是气沉丹田，同样地，也是用意念若有若无地把气引入丹田，并配合"含胸拔背"等，完成好气沉丹田这一动作要求。

二、含胸拔背

"含胸者，胸略内含，使气沉于丹田也。胸忌挺出，挺出则气拥胸际，上重下轻，脚跟易于浮起。拔背者，气贴于背也，能含胸则自能拔背，能拔背则能力由脊发，所向无敌也。"

——杨澄甫《太极拳十要》

释义：含胸就是胸略为内含之意，拔背就是后背略为外撑、上提之意。胸和背分别处在躯干的内侧和外侧，前面（胸）内含，则

117

后侧（背）则必然会拔起。其中的内在要义是"气沉丹田"。只有含胸，气方会沉于丹田；如果胸挺出，气就会拥塞在胸部一带，重心失衡，脚跟会变得轻浮。同时，含胸会使气贴于脊背，步履稳重，力由脚生，气劲由腹（丹田）到背到肩到臂到手，就会发放自如，所向无敌！

训练要义：这个要领同样是要求在起势前调整完毕，并贯穿到整套动作的始终。在起势前的调整中，两肩略微内收，脊背自然轻微向上拔起。这个动作一是帮助气沉丹田，二是使劲力的运行路线更为顺畅、通达。

三、松腰

"腰为一身之主宰，能松腰然后两足有力，下盘稳固；
虚实变化皆由腰转动，故曰：'命意源头在腰隙'，有不得
力必于腰腿求之也。"

——杨澄甫《太极拳十要》

释义：松是太极拳的基本要领，包括杨澄甫在内的许多太极拳大师都要求在练习过程中要松，要大松，要彻彻底底地松。只有彻底的松柔才可以练出太极拳的劲力，练出太极拳的功夫。同时，腰是人的身体主宰，太极拳的虚实变化都是通过腰的转动来体现的。腰松得不够，下盘必然不稳固。如果在太极拳练习中不得要领，效果不彰，就必须从腰腿间的关系中去寻找原因。由此，松腰与否是关系到能否真正练成太极拳的关键因素之一。

训练要义：练习太极拳要求松，彻彻底底地松。初学者通常会问，怎么松？从哪里开始松？这个问题可以从本要中找到答案。也就是说到太极拳的松，可以从腰开始。只有真正地松腰，练习者的身形方可以灵活转动，以腰为轴，摇曳四肢。

四、分虚实

"太极拳术以分虚实为第一要义，如全身皆坐在右腿，则右腿为实，左腿为虚；全身皆坐在左腿，则左腿为实，右腿为虚。虚实能分，而后转动轻灵，毫不费力；如不能分，则迈步重滞，自立不稳，而易为人所牵动。"

——杨澄甫《太极拳十要》

释义：太极拳是一种讲究规矩的拳术，在行拳中必须遵守特定的要求。此要中的"分虚实"就是其中的一种规矩。右腿为实，则左腿为虚；左腿为实，则右腿为虚。人的重心在左右腿之间移动，而且只要人移动，就必须先确立哪条腿才是支撑腿。支撑腿为实，另一腿为虚。虚实不分，则站立不稳，容易被人牵动。太极拳是一种动功，正是在这种日复一日、平淡无奇的练习中，使内在与外在的阴阳虚实都区分得十分清楚，才能练成太极拳功夫。

训练要义：在太极拳练习中分虚实的实质如上所述，就是重心切不可呆滞地放在两腿之间，而是要在两条支撑腿之间左右来回地移动。否则就是分不清虚实，就是与太极拳的要求相背离。

五、沉肩坠肘

"沉肩者，肩松开下垂也。若不能松垂，两肩端起，则气亦随之而上，全身皆不得力矣。坠肘者，肘往下松坠之意。肘若悬起，则肩不能沉，放人不远，近于外家之断劲矣。"

——杨澄甫《太极拳十要》

释义：俗话说，"细节决定成败"。太极拳是一项讲求细节的运动。包括本要在内的前五要，都是通过各种关键性细节的要求，使自己成功地达到掌握太极拳要领的目的。练习者的肩部应该松开下垂，而不是端起耸起。肘部同样要求往下松坠。太极拳中劲与气的运行方向大致是由脚、腿致腰，再到背、肩，最后到达肘和手。沉肩坠肘是劲气运行最后几个环节的必然要求，否则就会阻碍劲气的顺达。"沉肩坠肘"与"虚灵顶劲"一个向下松垂，一个向上虚虚地领起，两者是一种阴阳关系。

训练要义：本书在前几章中也强调过，太极拳讲求阴阳平衡，但推崇阴与下。此要中的"沉肩坠肘"为收为下，与拳理相契合，这样方可练出太极拳功夫。练习者切不可耸肩，同时注意肘尖、意念和形态上都要保持向下。

六、用意不用力

"《太极拳论》云:此全是用意不用力。练太极拳全身松开,不使有分毫之拙劲,以留滞于筋骨血脉之间,以自缚束,然后能轻灵变化,圆转自如。或疑不用力何以能长力?盖人身之有经络,如地之有沟(壑),沟(壑)不塞而水行,经络不闭则气通。如浑身僵劲满经络,气血停滞,转动不灵,牵一发而全身动矣。若不用力而用意,意之所至,气即至焉,如是气血流注,日日贯输,周流全身,无时停滞。久久练习,则得真正内劲。即《太极拳论》中所云:'极柔软,然后能极坚刚'也。太极拳功夫纯熟之人,臂膊如绵裹铁,分量极沉;练外家拳者,用力则显有力,不用力时,则甚轻浮,可见其力乃外劲浮面之劲也。不用意而用力,最易引动,不足尚也。"

——杨澄甫《太极拳十要》

释义:这是十要中杨澄甫大师着墨最多,论述最详细的一要。杨澄甫从四个层面对"用意不用力"问题进行了论述。一是要松。所谓的"用意",就是全身不起强力,要彻底地松开,不能有丝毫的"拙力"。这些拙力停留在身体内(筋骨血脉)就会起到束缚作用。没有拙力就能"轻灵变化,圆转自如"。二是通经络。练习时要注重用意,全身松开,但以这种不用力的方式去练习又如何能够增长劲力呢?这是因为人体遍布经络。这些经络如同沟壑,当人体充满拙力、僵力时，则气血淤塞、停滞，全身转动不灵，处处被动；而当经络畅通时，则气血如行云流水般地在身体内畅行。三是用意的效果。要用意而不是用力。意所到之处，气血会随之而至。如此每天周而复始，日日用功，气息就会流注全身，练习者就会得到真正的内劲。松得彻彻底底，真正的用意不用力，真正的松柔，才会真正的得到坚刚的内劲。四是内劲的表现。拥有内劲的人，手臂如同用棉花裹着的铁块，任何时候的分量都会十分沉重。而练习外家的人，用力时好像显得很有力，实际上其力量十分轻浮，不堪一击。在本要中，杨澄甫用初学者能够听懂的语言，对"用意不用力"进行了有层次的解读。在本书第二章第二节"太极拳以意为先"中，已经对太极拳中"意"的深刻内涵进行了深入的思考。太极拳以对人的内心观照，以人的内在意识的流转，来作为提升人的体质与潜能的基本手段，这些都是包括杨澄甫大师在内的诸多太极拳先贤们在实践与思辨中得到的真知，至今仍然是指导后人树立太极拳正确思维的最好手段。

训练要义：本要的中心是"意""松""内劲"三者间的关系。在这里，笔者简单地归纳出，"意"是目的，"松"是手段或工具，"内劲"是结果。初学者与高手"意"的质量是不一样的，"意"本身也是一种不断磨炼、不断提高的对象。而对"意"的锻炼要建立在自身大松大柔的基础上。必须谨记的是，身体的"松柔"不是"松懈"。日复一日地在松柔的基础上对"意"进行磨炼，再辅之以其他训练手段，练习者就会得到内劲，达到"极柔软，然后能极坚刚"的目的。

七、上下相随

"上下相随者，即《太极拳论》中所云：'其根在脚，发于腿，主宰于腰，形于手指，由脚而腿而腰，总须完整一气'也。手动、腰动、足动，眼神亦随之动，如是方可谓之上下相随。有一不动，即散乱也。"

——杨澄甫《太极拳十要》

释义：杨澄甫在这里用了两个劲力的运行方向去说明"上下相随"这一概念，其中必有深意。一是"由脚而腿而腰""主宰于腰，形于手指"，具备这样的劲力方向方为"完整"；二是"手动"到"腰动"再到"足动"，这样的劲力方向方不至于"散乱"。太极拳是阴阳的两面，是对立统一体，因此上述两种劲力运行方向是并行不悖的，并不相互矛盾的，这必须特别加以留意。在这里，杨澄甫引入了"完整一气"和"散乱"这一对对立的概念。尤其是"完整一气"就是要求练习者在松柔的基础上练出"整体劲"。这既是由"着熟"到"懂劲"的必由之路，同时也指明了抵达"神明"这一宝殿的真正路径。

训练要义：本要中引入了"整"的概念。初学者要注重自身动作的协调性，尽可能地做到脚、身、手的"完整一气"。而进入到懂劲阶段的练习者，其劲路一般都是"整"的，又称为"整劲"。

八、内外相合

"太极拳所练在神。故云：'神为主帅，身为驱使'。精神能提得起，自然举动轻灵。架子不外虚实开合。所谓开者，不但手足开，心意亦与之俱开；所谓合者，不但手足合，心意亦与之俱合。能内外合为一气，则浑然无间矣。"

——杨澄甫《太极拳十要》

释义：太极拳练的是什么？练的是神。神是什么？神是精神的简称，也就是通常所说的太极拳的意。因此，太极拳是一种练习与提升精神的运动。那么，精神通过什么来体现？显然是靠身体动作来体现。精神专注而充实，动作当然也就轻盈又灵动。太极拳的动作（架子）不外乎虚实与开合。开，是指手足动作放开时，意识也要同时放开；合，是指手足动作合起时，意也要同时收起。太极拳的动作与意是相互勾连、紧密契合的，内与外的配合要达到非常默契、难以分离与觉察的程度。本要中的"内"是指意与精神，"外"是指动作（架子）。

训练要义："内外相合"按照字面上的意思就是形神相合之意。高阶练习者的神态总是那么的气定神闲、荣辱不惊，动作总是那么的开合有度、纵横自如。初学者要注意培养自己的这种太极拳气质。

九、相连不断

"外家拳术，其劲乃后天之拙劲，故有起有止，有续有断，旧力已尽，新力未生，此时最易为人所乘。太极拳用意不用力，自始至终，绵绵不断，周而复始，循环无穷。原论所谓'如长江大河，滔滔不绝'，又曰'运劲如抽丝'，皆言其贯串一气也。"

——杨澄甫《太极拳十要》

释义：外家拳只注重提高力量的速度与大小，动作有起有落、断断续续，力量之间没有相互的衔接与合理的过渡，容易被对手乘虚而入。而太极拳训练并不在意力量的大小，而是注重对精神和意的磨炼。在太极拳练习中，意有如"长江大河，滔滔不绝"，川流不息，贯穿始终；又有如抽丝剥茧，绵软悠长，并在运动过程中保持着对各种太极拳套路动作的全覆盖。此要是太极拳初学者的难点，也是入门的窍门所在。如何达到此要的要求？当然是在大松大柔的基础上，立身中正，以腰领动，意念上保持始终如一的平静与专注，并贯注到每一个细微的套路动作与转折中。

训练要义：练习者在练习时总是处在太极拳状态中，套路动作可以递进与折叠，但要注意切不可脱离这种太极状态。

十、动中求静

"外家拳术，以跳踯为能，用尽气力，故练习之后，无不喘气者。太极拳以静御动，虽动犹静，故练架子愈慢愈好。慢则呼吸深长，气沉丹田，自无血脉偾张之弊。学者细心体会，庶可得其意焉。"

——杨澄甫《太极拳十要》

释义：外家拳追求外在的力量，练习后无不气喘吁吁。太极拳界对于其练习套路动作素有"动桩"的说法。就是说在做套路动作时，练习者的神态如同站桩般的内敛与安然，动作绵长，呼吸柔和。此要的表现形式就是"慢"。在很大程度上，练习太极拳动作时越慢越好。人的动作与呼吸是相配合的，动作越慢，呼吸的节律也会越慢、越绵长，生命的节奏在此刻也会显得越慢。同时，动作越慢，贯注到丹田里的气就越会沉浸到每一个角落、沉浸到每一个细胞。血脉偾张意味着激动、亢奋与激情，这与太极拳的求静、求柔、求和谐等要求是相背离的。而慢就可以避免这种情况的出现。

训练要义：太极拳是中国人发明的一种高智慧的运动项目，"动"起来是太极拳的起码要求。太极拳项目，在外观上表现为"慢"，而练习者实际上追求的是"静"。那么，这种求"慢"、求"静"的太极拳运动会是一种爆发力极强的武术吗？初学者可以带着这个问题参与到太极拳运动中，并在不断的学习中加深对这个问题的认识和理解。

第二节 太极拳单项训练

太极拳属于传统武术项目，可以归类到大众体育、社会体育与医疗体育等类别中。中国传统武术注重基本功训练，有着诸如"练拳不练功，到老一场空"等谚语。但不同的武术项目，其基本功的内容与要求都是各不相同的。比如有的要求压腿，有的要求"扎马步"等。而太极拳则有着自己独特的训练要求与训练体系。在这里，我们把太极拳的训练体系分为基础训练、辅助训练和单式训练三个组成部分。太极拳的基础训练一般以桩功为代表，辅助训练一般以发劲练习与推手为代表，而单式及其连接而成的套路训练则是太极拳的一般专项训练与日常训练。

在太极拳的训练体系中，基础、辅助和单式训练既相对独立，各司其职，又相得益彰，互为因果。因此，我们必须全面地看待这几种训练方式在太极拳运动中的作用。一是作为基础训练的站桩（本书以无极桩为代表）。站桩又叫桩功，一般作为太极拳的主要基础训练和辅助训练方式，既可以起到打好基础的作用，也可以起到辅助训练作用。但练好太极拳不能仅仅只靠站桩，身体还必须"动"起来。二是作为辅助训练手段的发劲（本节以太极大杆为代表）与推手训练。太极拳独特的发劲与推手练习是太极拳练习体系的重要组成部分，在练习者的成长过程中不可或缺。这两种练习不仅能增加练习者对太极拳要领的理解，而且本身能够极大地增强练习者的能力。三是太极拳单式训练。单式是太极拳的细胞。通过单式的组合与重复，形成了整体的太极拳套路，是太极拳运动体系的集中体现。对于初学者而言，每一个单式都蕴含着丰富的太极拳知识，每一个单式都是能力提升后进阶的宝贵一步，需要我们倍加地珍惜。

一、站桩训练

下面是笔者在新浪博客上的一篇文章节选：

A 先生：我眼中的太极站桩

……

站桩是中国传统武术的基本功，这是没有疑义的。在一些传统武术中，站桩称作"站马步"。当然，作为内家拳的太极站桩，两脚的站位远没有一般意义上的马步那么大。太极站桩对于练习者而言有两层意义。对于初学者而言，站桩可以起到打基础的作用，使身体状况逐渐适应太极拳练习的要求，并在身体内部酝酿内功、内劲的种子。对于长期的练习者而言，站桩可以起到调节身体、涵养内劲的作用。站桩对于内劲可以起到培植、净化与提高的重要作用。

……

站桩大致可以看作是太极拳的基础练习，因此其要求是与太极拳基本相通的。比如王宗岳与张三丰的《太极拳论》和杨澄甫的《太极拳十要》等经典，都可以用于指导太极站桩。"虚灵顶劲""含胸拔背""松腰""沉肩坠肘"等同样是站桩中对身体的要求。站桩要求由静入虚、入无，这又与阴阳、太极的本义相通。可以说，站桩的理论与实践基础是十分坚实的。

　　与太极站桩相对应的，太极拳套路又有"动桩"之称。太极拳套路要求练习者必须做到松、柔、圆、缓，这与站桩有着异曲同工之妙。比如杨氏太极拳对慢有着十分明确的要求，完成一个套路甚至长达20余分钟，其对内劲的培植与增长，同样起到十分重要的作用。必须注意的是，太极拳站桩与套路之间的关系是相互补益的关系，而不能简单地替代对方。太极拳套路不仅可以提升内劲，同时可以磨炼练习者的身法与步法，切实提高练习者的对敌能力，这是单纯站桩所无法比拟的。

　　由上可见，一是站桩可以在太极拳中可以起到重要的不可替代的作用，二是站桩代替不了太极拳单式与套路的练习。站桩只是起到预备练习与辅助练习的作用，对单式与套路的磨炼才是太极拳的根本所在。

　　太极拳站桩的功法种类繁多，但一般都认为无极桩是其中可以打下坚实基础的和起到良好辅助作用的优秀功法。

　　无极桩的动作要求：立身中正，头顶略为上领，目光自然向前，两脚与肩同宽或略宽，脚尖向前，屈膝，含胸拔背，两手在胸前圆撑，手心向内，手指自然分开，拇指向上，手掌带有掤劲，肘部略为向下，取沉肩坠肘之意。

　　无极桩对身体的基本要求是松，全身要松透。意念则是虚无，呈"无极"之态，不做意守，不调整呼吸。

从上述动作要求可以看出，无极桩与太极拳在基本要求上是相通的。在站桩时，我们必须注意如下三点。

一是动作的正确性。对于初学者而言，太极拳站桩的动作正确性要求和单式动作的正确性要求是一致的。站桩同样要求每个细微动作都必须正确与到位，否则难以达到练习的效果。初学者必须紧扣站桩的每个动作要求，同时要在经验丰富的教练指导下进行训练，个人不可轻易尝试。

二是不做意守与调息。无极桩如同太极拳单式与套路练习一样，不做意守，不做调息。意守容易出现偏差，刻意调息（调息指练习者主动调节呼吸）也可能导致身体出现不良反应。太极拳和站桩对两者都不做要求，体现了太极拳顺应自然，注重安全性的特点，这也是太极拳广受欢迎的原因之一。

三是注重站桩与单式套路的融合。无极桩可以在时间与场地不充足的情况下单独练习，但一般要求在套路之前站桩数分钟。正确的站桩可以让练习者进入松透、意沉的太极状态，这对于套路练习的助益非常大。同样，套路练习中对慢与静的要求也可以看到站桩的身影。因此，两者的良好融合可以促使练习者的水平尽快得到提高。

二、大杆、发劲训练

众所周知，太极拳的进阶路径是"着熟—懂劲—神明"。那么，懂劲，懂的是什么劲，懂的是哪种劲？这个貌似简单的问题却不是人人都可以回答上来的。这里我们说，懂劲，懂的是太极拳的内劲！练习者要练出内劲，首先，必须严格地按照太极拳的各种要求刻苦地磨炼自己，经年累月地进行近乎枯燥的练习。其次，是要进行一定的发劲训练。发劲练习大致可以贯穿到太极拳的各个学习阶段，必须在教练的指导下进行。有些太极拳套路中本身也包含了一定数量的发劲动作，比如陈氏太极拳。也有的太极拳套路发劲动作虽然有但不多。杨氏85式太极拳临近结束时的"双莲摆腿"动作，大致上也可以看作是一种发劲动作。这里笔者介绍的是一种在各式太极拳辅助练习中较为常见的发劲或是称整体劲练习手段——太极拳大杆。

听闻在久远年代的传统太极拳馆，必须在当眼位置树立一支太极拳大杆，以显示其正宗地位。而拳师也必须会使唤大杆，否则就不会被行内认可。这些传闻，间接证实了大杆在太极拳的地位。与太极站桩可以同时作为太极拳的基础训练与辅助训练手段不同，大杆在具有一定的太极拳基础之后方可驾驭，因此，其只能作为太极拳的辅助训练手段。

顾名思义，太极拳大杆是以中国北方出产地的白蜡木杆为器械的一种练功方式。这种白蜡木杆长度一般在2米多到4米多，杆身直，韧性好，被包括太极拳在内的许多武术项目作为练功之用。

太极拳大杆的功用主要源自其长与韧上。足够的长度有如手臂的延伸，由脚及腰及背发出的劲力通过手臂和杆身到达大杆的顶端。长期的大杆训练可以帮助练习者自如地控制劲力的收发和落点处劲力的投放，极大地增进练习者的内力。同时练习大杆可以帮助练习者自如地掌握太极刀、剑等冷兵器，达到威力的最大化。大杆的弹性与韧性则与人身上的劲力传导有着异曲同工之妙。太极拳的劲力由脚及腰，再由腰波动式地传导到臂和手，这就是拳谚上所说的

"节节贯穿"。大杆透过其弹性与韧性，也是由腰领动，强化了这种波动性。同时大杆的重量是一般运动器械的数倍，因此，长期的大杆训练可以极大地增强太极拳练习者身体的强度与韧性，大幅度地提高其战斗力。

太极拳大杆有多种技法，如抖、颤、涮、顿、劈、靠、卸、蹦、扎等。其中的抖、颤、涮、顿等多种技法都与太极拳的发劲动作相通，本身就可以看作是一种发劲练习。加上大杆的重量和其他特性，通过大杆训练得到的劲力会更加的充实、更加的浑厚，对于练习者能力的提升无疑会带来相当大的助益。

太极拳大杆训练要在教练指导下进行，并且必须留意下面三点：一是其辅助特性。需要明确的是，太极大杆不是一种基础训练手段，而是一种辅助训练手段。过早地进行大杆训练，会增加身体的"僵""拙"之力，不利于练习者进入"松""柔"状态。在"着熟"的中后期进行大杆训练，既可以作为发劲训练的一种方式，同时也可以提高练习者的身体素质和内劲质量。二是大杆训练属于太极拳训练的一部分。大杆属于太极拳训练的一部分，同样必须在意的指导下进行，注重松柔。同时要非常留意力由脚生，以腰领动，由肩到臂再到手的过程。这种训练方式产生的整体劲是其他训练手段所难以匹敌的。三是防止受伤，配合呼吸。由于大杆又长又重，训练负荷较大，初学者必须在教练的指导下循序渐进，防止受伤。大杆训练是一种太极拳强化训练，配合呼吸就显得很重要，否则容易产生不适，影响训练效果。通常太极拳发劲时采用的是腹式逆呼吸，平时的单式或套路以及大杆练习时都必须注意采用这种呼吸方式。

三、推手训练

（一）推手的基本要义

太极拳"推手"又叫作太极拳"打手"，几乎与太极拳同步诞生，是太极拳的主要辅助训练手段之一。

之所以说太极推手与太极拳几乎同步诞生，是因为前辈们在发明太极拳时，就发现必须辅助以一种特定的训练手段，以便在相对可控的基础上对练习者的技能与劲力进行循序渐进的训练与提高。推手就是太极拳前辈们发明的这种重要的训练手段。

在杨氏太极拳中，推手的基本法则就是太极十三势，即"掤、捋、挤、按、采、挒、肘、靠"和"进、退、顾、盼、定"。最基础的推手动作是"掤、捋、挤、按"和"采、挒、肘、靠"。其中"掤、捋、挤、按"是传统杨氏太极拳套路第一式"揽雀尾"的基本动作。练习者在不间断的套路练习基础上，同时辅之以长期的推手训练，可以使自己的太极拳技艺得到极大的提高。

因此，我们考察太极拳推手时有下面四种思路。其一，太极推手必须在着熟的基础上进行。练习者要进行推手的运化，必须在充分的中正安舒、圆活松柔的基础上进行，而这没有数年的刻苦单式与套路训练是难以实现的。练习者必须克服急于求成的思想，把站桩、单式、套路，尤其是要把持续数年的套路训练作为真正提高太极拳技术水平的基础。其二，太极推手与太极拳套路（拳架）是体用关系，或称因果关系。推手可以检验练习者的拳架质量是否高质优秀，拳架动作是否准确到位，练习者对太极拳每个动作的理解是否客观与深刻。假如上述这些东西都难以达到要求，那么推手就是无源之水、无本之木。反过来，推手是检验练习者对太极拳套路掌握程度的尺度。如果推手一塌糊涂，轻易被人发放，那就说明其套路练习质量较为有限，对于动作细节的理解较为欠缺，甚至连基本的方式方法掌握程度都较差，需要踏踏实实地回炉再造。其三，推手是太极拳明师的重要传功手段。太极拳非常强调师承的重要性。一个明师，会把推手作为向学习者传承太极拳精髓的重要手段。明师不仅会向学习者传授推手的正确方法，而且会对学习者进行适当的发放。学习者在接受发放时，会清晰地了解到太极拳发劲的劲路与感受，悟性高者可以较快地掌握发劲的基本原理与方法。其四，推手是太极拳学习者提高功力与能力的重要手段。在许多练习者看来，推手是太极拳重要的增长功力的手段。长期地进行推手训练，可以有效地增进练习者的腿力、腰力和上臂力量，同时可以在无形中增加人的感觉、知觉能力，达到"一羽不能加，蝇虫不能落"的程度。

因此，太极推手作为太极拳的一种辅助性训练手段，可以起到检验练习者训练成果与提高能力的作用。但同时，我们也必须认识到，推手并非太极拳练习的目的，这必须时刻谨记。

（二）王宗岳《打手歌》中的推手要领

太极拳巨匠王宗岳除了《太极拳论》外，还创作了《打手歌》等一批经典名篇。《打手歌》一般被认为是描写推手要领的经典，文字既简练又深刻。

打手歌

王宗岳

掤捋挤按须认真，上下相随人难进。

任他巨力来打我，牵动四两拨千斤。

引进落空合即出，粘连黏随不丢顶。

释义：掤捋挤按是太极八法中的前四法，也是八法中的最基本技法，可以作为太极八法的简称。在推手中要认真细致地体会每一个技法的走向与细节，切不可囫囵吞枣，不求甚解。太极十三势分为八法五步，八法（掤、捋、挤、按、采、挒、肘、靠）为上，五步（进、退、顾、盼、定）为下。通过打手（推手）练习，这十三势完美地协调起来，完整地融合在一起，内外相连，上下相随，对手就必然难以得逞。只要能够自如地做到以上几点，那么打手（推手）功夫就算是基本练成了。这时，无论对手以如何的巨力袭来，都是无济于事的。我可以用自己的四两之力引动对手，把对手的千斤之力犹如脚边的杂草一样轻易地拨到一边。一个熟练的推手练习者，不仅可以把对手的力量卸空、化为无形，而且可以借力打力，叠加对手打来的力与自己的劲力，将对手干脆地发放出去。推手者经过长期、有效的训练，可以凭借胜人一筹的感知能力和手法、脚法、身法，以深厚的功力与对手如影随形地保持着若即若离的接触，始终掌握着对抗中的主动权，并伺机控制和发放对手。

（三）王宗岳《太极拳论》的推手指导意义

在450余字的《太极拳论》中，有许多的字段可以被理解为是对于"打手""推手"的描述与其要领的阐释。经过仔细观察可以发现，作者同为王宗岳大师的《太极拳论》和《打手歌》两部作品，前者很大程度上是对后者的深入解读与扩展，两部作品之间有着非常紧密的逻辑关系。

"动之则分，静之则合。无过不及，随曲就伸。人刚我
柔谓之'走'，我顺人背谓之'粘'。动急则急应，动缓则
缓随。虽变化万千，而理唯一贯。"

王宗岳《太极拳论》

释义：在推手（打手）中，动为分，静为合。所有的动作都要
恰如其分，收放有序。对手刚强，我则以松柔去走化、卸除对手之
力，这叫作"走"；然后我化被动为主动（我顺），对手则变主动为
被动（人背），我方在运化中始终以意念和内劲控制住对手，不离不
弃，这叫作"粘"。对手快则我快，对手慢则我慢，表面上看对手占
据了主导地位，实则一切均在我之掌控中。"打手"千变万化，但其
道理是一致的。

"不偏不倚，忽隐忽现。左重则左虚，右重则右杳。仰
之则弥高，俯之则弥深，进之则愈长，退之则愈促。"

王宗岳《太极拳论》

释义：在推手（打手）中，失去自己的中心点为"偏"，呆滞
地靠住对方为"倚"，这些动作都是错误的。当对手主动进击时，我
方的劲力会隐藏起来（忽隐）；当对手力尽，我方转为主动时，我方
的劲力就会忽然出现（忽现）。重的同时要"虚"，重的同时也是
"杳"，要实中有虚，虚实合一，不论左边还是右边都应该如此。当
对手仰攻时，我把对手引致无限的高峰；当对手下探时，我把对手

引致无尽的深渊；当我方向前进击时，会进至无限远的地方，让对手避无可避；当我方后撤时，我方消失的速度会快得令对手难觅其踪。所有的这些，都令对手难以企及、无法捕捉、无所适从。这样，我方就能在对抗中一直保持主动权和主导权。

"立如平准，活似车轮。偏沉则随，双重则滞。"

王宗岳《太极拳论》

释义：在推手（打手）中，保持中正是基本的要求，同时又要如同车轮一样的善于运化与流转。把身体重心偏向一侧，两脚分出虚实，就可以与对手如影随形，用内劲控制住对手；而当身体重心不分轻重地同时放在两侧时，则身形难免滞涩，容易被对手所制约。

"粘即是走，走即是粘。阴不离阳，阳不离阴；阴阳相济，方为懂劲。"

王宗岳《太极拳论》

释义：在推手（打手）中，"粘"和"走"都是相对而言的。在技艺精湛者看来，"粘"是机会，"走"也同样是机会，两者几乎是没有区别的，是可以随时随地转化的，同样都是战胜对手的契机。这同阴阳两者既对立又并存的关系是一致的。只有领悟到这点，才算达到懂劲阶段。

"本是'舍己从人'，多误'舍近求远'。"

王宗岳《太极拳论》

释义：在推手（打手）中，要彻底地舍弃主观（"舍己"），遵循客观（"从人"）。要因敌而动，而非自作主张。否则必然被对手所乘。这和"舍近求远"这种错误是多么的相似啊。不少人丢弃了本心，而去追逐虚无缥缈的东西，这就很容易犯下大错！

（四）推手的主要分类

如前所述，推手是太极拳的双人徒手对抗练习方式，其功理与功法的基础是太极十三势中的"掤、捋、挤、按、采、挒、肘、靠"八法。太极拳推手一般又分为四正推手（包括定步推手、活步推手）和四隅推手（大捋推手）两种基本形式。四正推手的基本法则是太极八法中的"掤、捋、挤、按"，四隅推手的基本法则是太极八法中的"采、挒、肘、靠"。

1. 定步推手

顾名思义，定步推手就是对抗中两人脚步不移动的推手形式。定步推手是太极拳推手中的入门基础，其中又分为单手定步推手和双手定步推手两种。"掤、捋、挤、按"是定步推手的基本法则，与太极十三势的要求重合，都以"掤劲"作为贯穿始终的基本劲路。定步推手表面上使用的是练习者的上肢特别是手部，是对上肢、手部的锻炼，但实际上考验的是身体的整体协调与松柔程度，必须是在对太极套路长期磨炼的基础上进行。定步推手的动作幅度较小，但又要完整地体现"掤、捋、挤、按"的各项动作要领，因此练习者切不可急于求成，必须在教练的指导下耐心细致地练习。

定步推手的"掤"和"捋"。按照双方伸出一手或双手的不同，定步推手又分为单手定步推手与双手定步推手两种。设定推手双方为甲和乙。甲乙双方相对，侧向而立，各出一足（可以各出左足或右足）在对方足侧。从双方预备推手开始，身上、手上均要求松静与松沉，有条件者须含有掤劲。甲乙方的起始动作大致如传统套路"揽雀尾"中"掤"的动作要求，一手手心向内，置于胸前；另一手手心向前，搭于对手的肘部。双方由此双手互搭，交替进行"掤"和"捋"的动作练习，体现双方攻防的意义。

定步推手的"挤"和"按"。与上式相类似，练习者各出一足，置于对手的足侧，双手互搭，交替进行"挤"和"按"的动作练习，同样体现的是双方的攻防意义。

2. 活步推手

活步推手的基本法则与定步推手相同，都是基于太极八法中的"掤、捋、挤、按"。相比定步推手，活步推手主要增加了步法和身法的练习内容，是相对完整意义上的四正推手。活步四正推手不仅要求手法中的"掤、捋、挤、按"契合"东、南、西、北"四个正角，步法和身法也难免与四正角相契合。活步推手中有合步与套步两种步法。活步推手除具有定步推手的优点以外，还特别注重身体协调性的练习，活动量更大，趣味性更强。

3. 大捋推手

又称"四隅推手"，基于太极八法中的"采、挒、肘、靠"四法，方位为"西北、西南、东北、东南"四斜角，与阴阳八卦相契合。相比于四正推手的定步与活步推手，大捋推手（四隅推手）的动作幅度更大，对抗性更强。在大捋推手中，名义上是"采、挒、肘、靠"四法，实际上主要采用"捋"和"靠"两法，因此又称为

"四捋四靠"。这是其比较特殊的地方。习练大捋推手，可以更全面地磨炼太极拳练习者的能力，也更能体现太极拳"身上无处不太极"的特点。

（五）杨澄甫《太极拳体用全书》① 中的太极推手

> 太极拳以练习推手为致用。学推手则即是学觉劲，有觉劲则懂劲便不难矣。故总论所谓懂劲而阶及神明。此言即根于推手无疑矣。
>
> ——杨澄甫《太极拳体用全书》

释义：太极拳从单纯的练习套路到可以用于对抗，其中间的过渡环节就是推手。学习推手就是为了领悟与体验太极的"劲"，这个过程叫作"觉劲"。经过觉劲的阶段，懂劲也就可以企及了。太极拳的三个阶段是"着熟，懂劲，神明"。那么，推手是通往懂劲和神明阶段的必经环节这一说法就是确认无疑的了。

> "掤、捋、挤、按四式，即黏、连、贴、随……掤法向外，驾驭敌人之按手，使不得按至胸腹贴近，故曰掤……掤最忌板滞，又忌迟重。"
>
> ——杨澄甫《太极拳体用全书》

释义："掤、捋、挤、按"这四个式子，也可以称为"黏、连、

---

① 杨澄甫. 太极拳体用全书 [M]. 北京：中华书局，1984.

贴、随"。掤法的目标面向对手（向外），使对手的前按之手不能贴近我的胸腹，因此叫作"掤"。掤最忌讳的是呆板、停滞，又忌讳迟缓、沉重。

　　"将者，连着彼之肘与腕，不抗不采。因彼伸臂袭我，我顺其势而取之，是收回之意，谓之将。"

　　　　　　　　　　　　——杨澄甫《太极拳体用全书》

　　释义：将，就是用手连着对手的肘部与手腕，不前推也不后拉。开始时对手伸出手臂向我袭来，我顺其来势，手在保持与对手接触的同时向后收回，这就叫作将。

　　"挤者，与将式正相反。将则诱彼敌之按劲，使其进而入我陷阱而取之，必胜矣。设我之动力，先为彼所觉，则彼进劲必中断，而变为他式。则我之将势失效，则不可不反退为进。用前手侧采其肘，提起后手，加在前手小臂乘势挤出。则彼仓促变化之中，未有不失其机势，而被我挤出矣。"

　　　　　　　　　　　　——杨澄甫《太极拳体用全书》

　　释义：挤式与将式恰恰相反。将是引诱对手使出按劲，进入我方设下的陷阱，是我方必胜之局。我方的设想被对手察觉后，其向前的按劲势必中断，被迫变招。我方也因敌而变，反退为进。我方顺势而上，用前手侧附在对手的肘部，后手跟上挤在对手的手臂上。

这时对手仓促应对之间，无不失机失势，被我方挤出。

> "按者，因挤式不得其机势，便将右手，缘彼敌之左肘外廉转上，仍成捋式捋回。如捋又不得势，则翻右手，以手心按彼左肘节上抽出，左手以手心按彼左腕上。是谓之按。按之转复为掤，掤捋挤按，终而复始，轮转不息。"
>
> ——杨澄甫《太极拳体用全书》

释义：当挤式被对手识破，以致不能占得先机时，就改用按式。这时对手进攻，我方把自己的右手贴附在对方左肘外偏下部，以捋式往侧后捋回。如果捋式仍然不得占到优势则翻转右手，手心从对手左肘关节处抽出，并以左手手心按于对方的左腕之上。这就是按。按出后随即转为掤势。这样，"掤、捋、挤、按"，双方的推手由此终而复始，轮转不息。

四、太极拳单势训练

如果把太极拳的整体比喻成一座大厦的话，那么太极拳的每一式、每一势都是这座宏伟建筑的砖和瓦。每一块砖瓦都有自己的特色与含义，虽然由它们合并起来的建筑物有的平凡、有的壮美，但我们绝不能忽视这些砖瓦的基础作用。这也是太极拳单势与太极拳整体之间的关系。只有紧扣与苦练太极拳的每一个单势与细节，我们才能构筑起真正的太极拳能力，构筑起太极拳这座宏伟的大厦。

本节选取了12个太极拳单势进行太极拳单式训练的基本解读。①

太极拳的"式"与"势"

随着深入的学习，太极拳练习者会遇到一些深层次的问题。比如这个貌似简单的"式"与"势"问题。翻开词典，"式"有样子、格式等之意，主要指事物的外在形态；"势"则有势力与事物力量表现出来的趋向等意。结合太极拳，作为谐音字的"式"与"势"，其表达各有一定的适用性，总体上"势"的表达更为贴近与准确一些。但在太极拳经典中，也时常用"式"来表意，我们不能一概而论。因此，本书在尊重前人的基础上，更多地用"势"来进行表达。

(一) 预备式

练习要领：人自然站立，双脚略为分开，脚距与肩齐平，脚尖向前；双肩松开，双手自然下垂，贴于大腿外侧，意念上做到沉肩坠肘；双眼平视前方；略收下巴，头顶用意念稍稍领起；躯干立身中正，意念上腹部气息略为下沉，气沉丹田，含胸拔背。保持上述动作5—6秒。

动作意义：预备式是太极拳套路动作中最平淡无奇，但又是比较重要的一个式子。其动作意义是：（1）这是由平常的动，进入太极拳要求的松和静，再到动静结合的太极拳动作的一个过渡性式子；

① 练习要领主要参照《太极拳全书》，人民体育出版社，1988年第1版。

（2）要求练习者在短暂的数秒时间内调整好身体，尽快地进入虚无松静的"无极"状态；（3）预备式定下了之后动作的总基调，其动作质量决定了整个太极拳套路的质量。因此，练习者必须对预备式给予充分的重视。

（二）起式

练习要领：两掌掌心向下，缓缓向上平举，与肩齐高；再缓缓下落至跨前，掌心向下，指尖向前。

动作意义："折叠"是太极拳的动作特点之一。通过平缓的肢体（尤其是上肢）的起落、往复，练习者的气机在折叠中得到蓄积与增长。起式就是太极拳的第一个折叠动作。

《太极拳体用全书》中的预备式与起式

在杨澄甫《太极拳体用全书》中，预备式与起式合二为一。除预备式的动作意义外，还要求"一任自然，不可牵强。守我之静，待以人之动。则内外合一，体用兼全。人皆于此势易为忽略，殊不知练法用途，俱根本于此。"太极拳的预备式与起式动作看似简单，但内涵丰富，意义深远。

（三）揽雀尾

练习要领：揽雀尾是太极拳套路中"掤、捋、挤、按"四种拳式的组合总称，并按照次序先后进行动作：（1）左右掤式。左掤，接预备式，以右脚为根，左脚提起后向左方迈出弓步；同时身体向左前方转动，双手在身体右侧形成右上左下、手心相对后左手向左前方侧掤出。右掤，接前势，左脚坐实后身体逐渐右转，右脚提起，收至左脚侧后向右方迈出；双手同时转势，右手在前，左手在后，手心大致相对，向右前方掤出；（2）捋式。当前势完成后，重心逐步后撤到左脚，身体逐步左转变侧身；双手仍是大致相对，同时后撤，并向左下侧捋去，右手回撤到胸前，左手回撤到腰部侧方；（3）挤式。接前势，身体右转，重心逐步转移回右脚，呈前弓步；同时双手相对应，左手贴于右手小臂或是手腕，向前挤出；（4）按式。接前势，身体转为后坐，右脚逐步伸直，重心坐于左脚；同时双手收回到胸前略下，双手掌心向前；重心前移，呈右弓步；同时双手由胸前略为划弧向前方按出，掌心保持向前。

动作意义：如前所述，"掤、捋、挤、按"是太极十三势中最重要，也是最基本的式子，作为其动作组合的"揽雀尾"也因此具有特别重要的意义：（1）首要性。杨澄甫在《太极拳体用全书》中写道，"揽雀尾为太极拳体用兼全之总手"。所谓"牵一发动全身""揽雀尾"为太极拳全套动作之首，"掤"则是太极拳十三势之首，其在太极拳中的地位不言自明；（2）重复性。"揽雀尾"在太极拳全套动作中重复了6（7）次，正是不断的重复与折叠使得练习者的身体与气机得到质的转变与提高；（3）全面性与连接性。"揽雀尾"中的"掤、捋、挤、按"同样是定步、活步推手（四正推手）的基本技法。套路是本、是因，推手是末、是果，但推手也可以起到印证与促进套路动作的正确性，提高练习者内在素质与对抗技能的作用。

（四）单鞭

练习要领：接前势，身体左转，面向正前方，重心逐渐移到左脚；同时双肩带动双臂向身体左侧划动，动作末端时手心向下；身体重心逐步回到右脚，双手顺势大致维持与肩相平的高度划回身体右侧；身体逐渐转向左侧，缓缓提起左脚；同时右手向右侧后拉，指尖合拢，呈下钩状；左脚跨出，呈左前弓步，重心在左脚；左手随之翻腕从胸前向左前方推出，形成单鞭定势。

动作意义：攻防上，右手向右后侧卸掉对手的攻势，左手随之拍击对手的胸前或右肩，将其发出，收到我方顺人背之功效。同时太极拳强调开合有度，单鞭是大开动作，气势恢宏，拳意为阳、为开。

（五）提手上势

练习要领：接上势，身体向右侧回转，逐步转向正前方；重心同时转向右脚；左脚回撤，重心重回左脚；右脚向正前方迈步，脚跟着地，脚尖翘起；同时双手内收，右手在前，随右脚向前挥出，左手置于胸前，双手手心遥遥相对，呈定势。

动作意义：与上势的大开相反，本式的意义是收、是合、是静。攻防上，本式在封闭对手攻势的同时，猛烈发放对手，是太极拳各式中威力最大者之一。

（六）白鹤亮翅

练习要领：预先动作。接前势，以腰领动，胯部与身体逐渐向左侧转动；同时右脚抬起后落下，在身体左转中逐渐起到支撑腿的作用；右手由前势随身体转动回到胯前，手心向上；左手在上，左手心与右手心相对。白鹤亮翅。身体完全由胯部引导到面对左前方，重心完全转到右脚；左脚微抬后足尖点地；同时劲力依次由胯、背、肩、臂、肘、手次序传导；右手随之上举，至额前，手心向前；左手下按至左胯，完成定势。

动作意义：这是一个相对特殊的式子，有两种内在含义。在《太极拳体用全书》中，白鹤亮翅动作一气呵成；而在其他教程中有许多把这个动作分成上述两段，并把"预先动作"归入"提手上势"中。笔者此处取两者的折中之意。之所以把一个动作分成两段，是因为前一个胯部领动的动作在太极拳中有"胯打"之意，后一个动作则更多的体现太极拳的"靠打"之意，两者都是太极拳技击的重要技法。在白鹤亮翅的定势中，两手手心方向相反，这在太极拳拳势中较为少见。白鹤亮翅上提下按的对拉动作，可以令对手在失去重心、无所适从中被靠打出去。拳意上预先动作为合，白鹤亮翅为开。

（七）左右搂膝拗步

练习要领：左搂膝拗步。接前势，右胯微后收，右手回落至右胸前，左手略上提，两掌掌心遥遥相对；身体向左前方转动，左脚提起并往前踏出，重心前移，呈左前弓步；左手绕左膝向后向外搂，掌心向下；右手经耳侧向前推按，呈定势。右搂膝拗步，动作要求与左搂膝拗步相同，左右方向相反。

动作意义：左右搂膝拗步是太极拳套路中为数不多的进步动作之一。攻防意义上，左脚套住对方的前脚，左手向侧后卸去对手进攻的力道，右手推按对手的胸部或左肩，将对手发出。搂膝拗步在拳意上先阴后阳，先收后放，攻防合一，以攻为主。

（八）手挥琵琶

练习要领：接前势，先是重心完全移到左脚，然后右脚跟进前踏半步，落在左脚后侧；重心回到右脚，左脚稍提起后落下，脚跟着地，脚尖微抬。同时，左手由下按状态划弧上举，与肩同高；右手收回到右胸前；两手手心遥遥相对，呈定势。

动作意义：在封堵对手进攻的同时把对手发放出去。拳意为收，为合。

(九) 进步搬拦捶

练习要领：接前势。身体逐渐转向左侧，重心渐渐转至左脚；同时右手收回到右胯前，由掌变拳。右脚跟步上提悬起，并向略斜方向踏出一步；同时右拳向左方划动左腹前，拳心转为向上；左手提至头颈左侧。右脚踏出，脚跟着地，重心仍在左脚；右手小臂带动，翻拳以拳背向右前方拍打；左手落至右手小臂侧。重心移至右脚，左脚上提悬起；右拳收回到右小腹旁，仍呈握拳状，左掌向前拦击。左脚向前一步，呈前弓步；右拳由胸前向前方"搬"出（或曰"直拳"），左手呈掌护于右小臂旁，呈定势。

动作意义：搬拦捶也是变数不多的进步动作之一，比之前的"搂膝拗步"更为复杂，而且在套路中重复次数较多。动作包含了左右脚、身体躯干、右拳左掌的往复与折叠，可以让练习者切实体会到"由腰领动"等诸多动作要领，锻炼价值极大。拳意上包括由合到开，再到合，再到开的过程，阴阳交替，乐趣无穷！

(十) 倒撵猴

练习要领：接前势。右倒撵猴，身体右转，重心在右脚，右手回撤到右胯旁；左脚后撤一步，右手由侧后上提至耳旁并向前推出，手心向前；同时身体回正并左转，重心回到左脚，左手回收至左胯旁，呈定势。左倒撵猴，动作相同，左右相反。右倒撵猴，重复一次右倒撵猴。

动作意义：倒撵猴是太极拳套路中唯一的后撤动作，幅度较大，在套路中出现两次。其大致上是在被动状态中以退为进，化被动为主动，一边后退一边卷击对手。拳意是先为退、为收，但退中有进、有开，是阴中带阳、阴阳平衡的动作。

（十一）云手

练习要领：接"单鞭"势。前势为向左前弓步，左推掌右勾手，本势身体转向正前，左脚里扣，右脚向左侧收回，两脚大致并立；同时右手由下方划弧至左胸侧，左掌在上，两掌掌心遥相相对；双手沉肩坠肘，划弧回到身体右侧，掌心相对，右手在上；重心移到右脚，左脚提起，向左侧横迈一步，重心逐渐移到左脚；双手也随之在身前划弧，移到左侧，左掌在上，掌心相对。至此完成一个云手动作。

动作意义：云手是太极拳套路中唯一的连续横向移动动作，因其动作舒展、大方，特征明显，成为太极拳的标志性动作之一。攻防上，云手意在左右手连续向侧向上方挑拦对手的攻击，向上挑起对方的重心，使其失去根基，并将对手向两侧上方发出。自己则在横向移动中避免对手抓住中心线而陷入被动。拳意上，云手为收、为合，主守、主阴，阴阳共存，以阴为主，守中有攻，阴中寓阳。

（十二）玉女穿梭

练习要领：接"单鞭"势。左穿梭一。左脚里扣，重心逐渐移到左脚，右手向下方划弧；右脚提起，向右侧方踏出，重心逐渐移到右脚；同时双手移至身体右侧，右手与肩等高，掌心向内，左手在右手下侧，掌心向下；左脚提起，向侧前方踏出，呈左弓步；同时左手上掤至额等高，比额略高，掌心向前；右手从左手肘下向前向上穿出，比肩等高，掌心同样向前，呈定势，方向为西南。右穿梭一。接上势，身体右转，重心移到左脚，至东南方向，右手向上掤与额等高，掌心向前；左手从右手肘下穿出，向前按击，掌心向前，呈定势。左穿梭二，动作与左穿梭一相同，方向为东北。右穿梭二，动作与右穿梭一相同，方向西北。

动作意义：玉女穿梭同样是太极拳的大型组合动作，方向为四个斜角，从西南开始，依次进行。攻防上一手用掤劲向上引空对手的攻击，"仰之则弥高"；另一手趁其重心不稳，向其胸或胁拍出，无不应手而出。拳意上为开、为放，主攻，阴阳共存，以阳为主。

太极拳单势练习时的目光控制

细心的读者可以注意到，在本节各个单势的练习要领中，脚、手、腰、躯干等都有所要求，唯独欠缺了练习中的重要一个环节：眼睛，也就是目光的控制。在各个单势中，对于目光的要求是比较雷同的，可以综合起来进行介绍。太极拳练习中目光一般要求自然、内敛，跟随或是透过主动手自然平视前方，并跟随主动手进行开展、收回、转换。主动手就是意念主要关注的前按、前挥、前推之手。在"白鹤亮翅"等单势中没有主动手，目光则向前自然平视。

第三节　太极拳套路训练

正如本书一再强调的，套路练习是实现太极拳能力的最基本、最重要的方式与手段，其他的辅助练习方式居于次要位置，起到助益作用。中华人民共和国成立后，国家体育运动委员会于 20 世纪 50 年代中叶，组织专家在杨氏太极拳基础上编撰了简化太极拳 24 式。20 世纪 70 年代中叶，进一步融合了各式太极拳，编撰了 48 式太极拳。同时，先后定型了杨氏 85 式太极拳等传统套路。20 世纪 80 年代后期，国家体育总局又以杨氏太极拳为主调，深度融合陈、吴、孙氏太极拳，定型了 42 式太极拳竞赛套路，作为武术比赛的指定套路。在这些套路中，简化太极拳 24 式在国内外普及太极拳中起到的重要的作用，而杨氏、陈氏、武氏、吴氏、孙氏等优秀传统太极拳套路，也受到了社会的广泛认同，并得到了充分的发展。

一、24 式简化太极拳

简化太极拳 24 式在 20 世纪 50 年代初由国家体育运动委员会组织专家进行编撰与修订，1956 年发布，作为党和国家号召"发展体育运动，增强人民体质"的重要手段与方式。在其后的发展过程中，该套路在名称上略有调整，但内容基本没有变化。为方便广大群众学习，24 式又分为 8 组，并配上形象易记的口令（口诀），体现了这个套路的易学性、普及性、群众性等特性。

简化太极拳 24 式名称和动作口令

预备势

并脚直立，两臂下垂，手指微屈，虚颔顶劲，下颏微收，舌抵上腭，双眼平视，全身放松

第一式，起势

左脚开立，两臂前举，屈膝按掌

第二式，左右野马分鬃

1. 左野马分鬃

稍右转体，收脚抱球，转体上步，弓步分手

2. 右野马分鬃

后坐撇脚，收脚抱球，转体上步，弓步分手

3. 左野马分鬃

后坐撇脚，收脚抱球，转体上步，弓步分手

第三式，白鹤亮翅

稍右转体，跟步抱球，后坐转体，虚步分手

第四式，左右搂膝拗步

1. 左搂膝拗步

转体摆臂，摆臂收脚，上步屈肘，弓步搂推

2. 右搂膝拗步

后坐撇脚，摆臂收脚，上步屈肘，弓步搂推

3. 左搂膝拗步

后坐撇脚，摆臂收脚，上步屈肘，弓步搂推

第五式，手挥瑟琶

跟步展臂，后坐引手，虚步合手

第六式，左右倒卷肱

1. 右倒卷肱

稍右转体，撤手托球，退步卷肱，虚步推掌

2. 左倒卷肱

稍左转体，撤手托球，退步卷肱，虚步推掌

3. 右倒卷肱

稍右转体，撤手托球，退步卷肱，虚步推掌

4. 左倒卷肱

稍左转体，撤手托球，退步卷肱，虚步推掌

第七式，左揽雀尾

转体撤手，收脚抱球，转体上步，弓步掤臂，摆臂后捋

转体搭手，弓下前挤，转腕分手，后坐引手，弓步前按

第八式，右揽雀尾

后坐扣脚，收脚抱球，转体上步，弓步掤臂，摆臂后捋

转体搭手，弓步前挤，转腕分手，后坐引手，弓步前按

第九式，单鞭

转体运臂，右脚内扣，上体右转，勾手收脚，转体上步，弓步
推掌

第十式，云手

后坐扣脚，转体松勾，并步云手，开步云手，并步云手

开步云手，开步云手，扣脚云手

第十一式，单鞭

转体勾手，转体上步，弓步推掌

第十二式，高探马

跟步托球，后坐卷肱，虚步推掌

第十三式，右蹬脚

穿手上步，分手弓腿，收脚合抱，蹬脚分手

第十四式，双峰贯耳

屈膝并手，上步落手，弓步贯拳

第十五式，转身左蹬脚

后坐扣脚，转体分手，收脚合抱，蹬脚分手

第十六式，左下势独立

收脚勾手，屈蹲撤步，仆步穿掌，弓腿起身，独立挑掌

第十七式，右下势独立

落脚勾手，碾脚转体，屈蹲撤步，仆步穿掌，弓腿起身，独立挑掌

第十八式，左右穿梭

1. 右穿梭

落脚抱球，转体上步，弓步架推

2. 左穿梭

后坐撇脚，收脚抱球，转体上步，弓步架推

第十九式，海底针

跟步提手，虚步插掌

第二十式，闪通臂

提手提脚，弓步推掌

第二十一式，转身搬拦捶

后坐扣脚，坐腿握拳，摆步搬拳，转体收拳，上步拦掌，弓步打拳

第二十二式，如封似闭

穿手翻掌，后坐引手，弓步前按

第二十三式，十字手

后坐扣脚，弓步分手，交叉搭手，收脚合抱

第二十四式，收势

翻掌分手，垂臂落手，并步还原

简化太极拳24式的进取之路

不满足现状、不断进取，事物才会得到良好的发展。太极拳同样如此。简化太极拳24式要注重以下三方面的发展方向：一是教练员队伍建设。给人一碗水，自身要有一桶水！广大教练员要深厚自己的太极拳修养，尤其要从动作的规范性与动作蕴含的意义入手，成为一名合格的太极拳教练。二是练习者要开拓视野。随着学习的深入，就必须掌握更多、更充分的拳理拳法，这时有意识在增强自身的太极拳修养显得尤为必要。各种太极拳经典与学习可以满足学习者的需求。三是有条件者可以学习太极拳传统套路。不断的学习可以令练习者的体质得到增强，见识得到广博。这时可以选择一门自己喜爱的传统套路进行学习，不断地提升自己的太极拳运动能力。

二、传统杨氏太极拳①

传统杨氏太极拳套路（大架）有不少版本。比如《太极拳体用全书》中记为94式，其他一些传统著作分为108式、88式等。本书遵循国家体育运动委员会编定的杨氏太极拳85式名称。

杨氏太极拳85式动作名称：

第一式，预备势

第二式，起势

第三式，揽雀尾

第四式，单鞭

第五式，提手上势

第六式，白鹤亮翅

第七式，左搂膝拗步

第八式，手挥琵琶

第九式，左右搂膝拗步

第十式，手挥琵琶

第十一式，左搂膝拗步

第十二式，进步搬拦捶

第十三式，如封似闭

第十四式，十字手

第十五式，抱虎归山

---

① 傅钟文，周元魁. 太极拳全书 [M]. 北京：人民体育出版社，1988：313.

第十六式，肘底看捶

第十七式，左右倒撵猴

第十八式，斜飞势

第十九式，提手上势

第二十式，白鹤亮翅

第二十一式，左搂膝拗步

第二十二式，海底针

第二十三式，扇通背

第二十四式，撇身捶

第二十五式，进步搬拦捶

第二十六式，上步揽雀尾

第二十七式，单鞭

第二十八式，云手

第二十九式，单鞭

第三十式，高探马

第三十一式，左右分脚

第三十二式，转身左蹬脚

第三十三式，左右搂膝拗步

第三十四式，进步栽捶

第三十五式，翻身撇身捶

第三十六式，进步搬拦捶

第三十七式，右蹬脚

第三十八式，左打虎势

第三十九式，右打虎势

第四十式，回身右蹬脚

第四十一式，双峰贯耳

第四十二式，左蹬脚

第四十三式，转身右蹬脚

第四十四式，进步搬拦捶

第四十五式，如封似闭

第四十六式，十字手

第四十七式，抱虎归山

第四十八式，斜单鞭

第四十九式，野马分鬃

第五十式，揽雀尾

第五十一式，单鞭

第五十二式，玉女穿梭

第五十三式，揽雀尾

第五十四式，单鞭

第五十五式，云手

第五十六式，单鞭

第五十七式，下势

第五十八式，金鸡独立

第五十九式，左右倒撵猴

第六十式，斜飞势

第六十一式，提手上势

第六十二式，白鹤亮翅

第六十三式，左搂膝拗步

第六十四式，海底针

第六十五式，扇通背

第六十六式，转身白蛇吐信

第六十七式，搬拦捶

第六十八式，揽雀尾

第六十九式，单鞭

第七十式，云手

第七十一式，单鞭

第七十二式，高探马带穿掌

第七十三式，十字腿

第七十四式，进步指裆捶

第七十五式，上步揽雀尾

第七十六式，单鞭

第七十七式，下势

第七十八式，上步七星

第七十九式，退步跨虎

第八十式，转身摆莲

第八十一式，弯弓射虎

第八十二式，进步搬拦捶

第八十三式，如封似闭

第八十四式，十字手

第八十五式，收势

三、传统陈氏太极拳①

陈氏太极拳创始于明末清初河南温县陈家沟拳师陈王廷。陈氏太极拳历经数代发展，逐步形成近代流行的一、二路拳套。两套拳式的动作速度和强度不同，身法、运动量和难度也不相同，但都符合循序渐进和刚柔相济的原则。

（一）陈氏太极拳第一路动作名称：

第一式，预备势

第二式，金刚捣碓

第三式，懒扎衣

第四式，六封四闭

第五式，单鞭

第六式，第二金刚捣碓

第七式，白鹤亮翅

第八式，斜行拗步

第九式，初收

第十式，前蹚拗步

第十一式，第二斜行拗步

第十二式，再收

第十三式，前蹚拗步

第十四式，掩手肱捶

---

① 沈家桢，顾留馨. 太极拳全书［M］. 北京：人民体育出版社，1988：3.

第十五式，第三金刚捣碓

第十六式，披身捶

第十七式，背折靠

第十八式，青龙出水

第十九式，双推手

第二十式，三换掌

第二十一式，肘底捶

第二十二式，倒卷肱

第二十三式，退步压肘

第二十四，中盘

第二十五式，白鹤亮翅

第二十六式，斜行拗步

第二十七式，闪通背

第二十八式，掩手肱捶

第二十九式，六封四闭

第三十式，单鞭

第三十一式，运手

第三十二式，高探马

第三十三式，右擦脚

第三十四式，左擦脚

第三十五式，蹬一根

第三十六式，前蹚拗步

第三十七式，击地捶

第三十八式，翻身二起脚

第三十九式，兽头势

第四十式，旋风脚

第四十一，蹬一根

第四十二式，掩手肱捶

第四十三式，小擒打

第四十四式，抱头推山

第四十五式，三换掌

第四十六式，六封四闭

第四十七式，单鞭

第四十八式，前招

第四十九式，后招

第五十式，野马分鬃

第五十一式，六封四闭

第五十二式，单鞭

第五十三式，双震脚

第五十四式，玉女穿梭

第五十五式，懒扎衣

第五十六式，六封四闭

第五十七式，单鞭

第五十八式，运手

第五十九式，摆脚跌叉

第六十式，左右金鸡独立

第六十一式，倒卷肱

第六十二式，退步压肘

第六十三式，中盘

第六十四式，白鹤亮翅

第六十五式，斜行拗步

第六十六式，闪通背

第六十七式，掩手肱捶

第六十八式，六封四闭

第六十九式，单鞭

第七十式，运手

第七十一式，高探马

第七十二式，十字摆莲

第七十三式，指裆捶

第七十四式，白猿献果

第七十五式，六封四闭

第七十六式，单鞭

第七十七式，雀地龙

第七十八式，上步七星

第七十九式，退步跨虎

第八十式，转身双摆莲

第八十一式，当头炮

第八十二式，金刚捣碓

第八十三式，收势

（二）陈氏太极拳二路动作名称

第一式，预备势

第二式，金刚捣碓

第三式，懒扎衣

第四式，六封四闭

第五式，单鞭

第六式，搬拦肘

第七式，护心捶

第八式，拗步斜行

第九式，煞腰压肘拳

第十式，井揽直入

第十一式，风扫梅花

第十二式，金刚捣碓

第十三式，撇身捶

第十四式，斩手

第十五式，翻花舞袖

第十六式，掩手肱捶

第十七式，飞步腰拦肘

第十八式，云手（前三）

第十九式，高探马

第二十式，云手（后三）

第二十一式，高探马

第二十二式，连珠炮（一，二，三）

第二十三式，倒骑麟

第二十四式，白蛇吐信（一，二，三）

第二十五式，海底翻花

第二十六式，掩手肱捶

第二十七式，转向六合

第二十八式，左裹鞭炮（一，二）

第二十九式，右裹鞭炮（一，二）

第三十式，兽头势

第三十一式，劈架子

第三十二式，翻花舞袖

第三十三式，掩手肱捶

第三十四式，伏虎

第三十五式，抹眉红

第三十六式，右黄龙三搅水

第三十七式，左黄龙三搅水

第三十八式，左蹬一根

第三十九式，右蹬一根

第四十式，海底翻花

第四十一式，掩手肱捶

第四十二式，扫膛腿

第四十三式，掩手肱捶

第四十四式，左冲

第四十五式，右冲

第四十六式，倒插

第四十七式，海底翻花

第四十八式，掩手肱捶

第四十九式，夺二肱（一，二）

第五十式，连环炮

第五十一式，玉女穿梭

第五十二式，回头当门炮

第五十三式，玉女穿梭

第五十四式，回头当门炮

第五十五式，拗鸾肘

第五十六式，顺鸾肘

第五十七式，穿心肘

第五十八式，窝里炮

第五十九式，井揽直入

第六十式，风扫梅花

第六十一式，金刚捣碓

第六十二式，收势

四、传统武氏太极拳[①]

武氏太极拳由武禹襄（1812—1880）所创，其外甥李亦畬做了进一步的发展。武氏太极拳在拳理上对太极拳的贡献较大。其拳式特点是：姿势紧凑，动作舒展，步法严格，分清虚实等。

武氏太极拳传统套路动作名称：

第一式，预备势

第二式，左懒扎衣

第三式，右懒扎衣

---

① 郝少如. 太极拳全书［M］. 北京：人民体育出版社，1988：575.

第四式，单鞭

第五式，提手上势

第六式，白鹤亮翅

第七式，搂膝拗步

第八式，手挥琵琶

第九式，搂膝拗步

第十式，手挥琵琶

第十一式，上步搬拦捶

第十二式，如封似闭

第十三式，抱虎推山

第十四式，手挥琵琶

第十五式，右懒扎衣

第十六式，单鞭

第十七式，提手上势

第十八式，肘底看捶

第十九式，左倒撵猴

第二十式，右倒撵猴

第二十一式，左倒撵猴

第二十二式，右倒撵猴

第二十三式，手挥琵琶

第二十四式，白鹤亮翅

第二十五式，搂膝拗步

第二十六式，手挥琵琶

第二十七式，按势

第二十八式，青龙出水

第二十九式，翻身

第三十式，三甬背

第三十一式，单鞭

第三十二式，下势

第三十三式，云手

第三十四式，单鞭

第三十五式，提手上势

第三十六式，高探马

第三十七式，左伏虎势

第三十八式，右起脚

第三十九式，右伏虎势

第四十式，左起脚

第四十一式，转身蹬脚

第四十二式，单鞭

第四十三式，践步栽捶

第四十四式，翻身二起脚

第四十五式，披身伏虎

第四十六式，退步踢脚

第四十七式，转身蹬脚

第四十八式，上步搬拦捶

第四十九式，如封似闭

第五十式，抱虎推山

第五十一式，手挥琵琶

第五十二式，右懒扎衣

第五十三式，单鞭

第五十四式，下势

第五十五式，野马分鬃

第五十六式，单鞭

第五十七式，玉女穿梭

第五十八式，手挥琵琶

第五十九式，懒扎衣

第六十式，单鞭

第六十一式，下势

第六十二式，云手

第六十三式，单鞭

第六十四式，下势

第六十五式，更鸡独立

第六十六式，左倒撵猴

第六十七式，右倒撵猴

第六十八式，左倒撵猴

第六十九式，右倒撵猴

第七十式，手挥琵琶

第七十一式，白鹤亮翅

第七十二式，搂膝拗步

第七十三式，手挥琵琶

第七十四式，按势

第七十五式，青龙出水

第七十六式，翻身

第七十七式，三甬背

第七十八式，单鞭

第七十九式，下势

第八十式，云手

第八十一式，单鞭

第八十二式，提手上势

第八十三式，高探马

第八十四式，对心掌

第八十五式，转身十字摆莲

第八十六式，上步指裆捶

第八十七式，右懒扎衣

第八十八式，单鞭

第八十九式，下势

第九十式，上步七星

第九十一式，退步跨虎

第九十二式，转脚摆莲

第九十三式，弯弓射虎

第九十四式，双抱捶

第九十五式，手挥琵琶

第九十六式，收势

以上各式传统太极拳动作名称根据人民体育出版社《太极拳全书》修定，个别词语或动作进行了订正与合并，但基本上完整保持了传统套路的精髓。

太极拳传统套路动作名称，看似枯燥、乏味、冗长，实则是一个个精美的零件，每一个动作都似一个音符，都凝结着太极拳的精华，共同造就太极拳这一中华优秀文化的宏伟乐章。

第五章

太极拳：健康养生与技击

第一节　太极拳与现代健康、养生

　　太极拳是一种具有济世救民情怀的中国优秀传统武术项目，在立身中正、勤勉自重之余常怀爱国爱民之心。太极拳向来以健康民众的身心为己任，同样地，其情怀和能效也受到广大民众的信任与爱戴。其中虽然有一些杂音，但这丝毫无损太极拳的光辉形象。在21世纪20年代初的今天，科技得到飞速发展，经济得到巨大进步，但亚健康、疫情等仍然是我们人类必须直面的问题，人们也更加地向往良好的生活与生命质量，更加地注重个人的健康与养生。值得庆幸的是，包括太极拳在内的优秀运动辅助手段正在全方位地助力人们的健康生活，帮助人们保持健康的身心，促进社会的和谐发展。

中共中央、国务院发布全民健康纲要

　　2016年10月25日，中共中央、国务院印发了《"健康中国 2030"规划纲要》（以下简称"纲要"）。纲要将"共建共享、全民健康"作为战略主题，坚持政府主导，动员全社会参与，推动社会共建共享，实现全民健康。纲要是今后 15 年推进健康中国建设的行动纲领。在纲要第二篇第六章第二节中指出，大力发展群众喜闻乐见的运动项目，鼓励开发适合不同人群、不同地域特点的特色运动项目，扶持推广太极拳、健身气功等民族民俗民间传统运动项目。

一、太极拳典籍中的健康观

如前所述，太极拳主动而非被动地去关爱人们的健康，为人类健康服务是太极拳不变的宗旨。相关论述在多部太极拳名著名篇中都可以看到。

"想推用意终何在，益寿延年不老春。"

——王宗岳《十三势歌》

释义：要深究我们练习太极拳的目的是什么？就是使得我们广大的练习者，甚至于我们积贫积弱的全民族，都能身体强健，延年益寿，永葆青春与活力。

"以上系武当山张三丰祖师所著，欲天下豪杰，延年益寿，不徒作技艺之末也。"

——张三丰《太极拳经》

释义：此句的意思是，广大太极拳练习者要跳出就武论武的狭隘眼光，要以武证道，以广大民众的生命健康为重。

"……心窃疑之。以为是一人敌，项籍所屑学者。余他日当学万人敌。……以手抚余曰：居，吾语汝。吾之习此而教人者，非以敌人，乃以卫身；非以用世，乃以救国。今之君子，只知国之弊在贫，而未知国之病在弱也。是故谋国是者，竞筹救贫之策，未闻有振衰起颓之图。惟其通国皆病夫，谁复胜此重任？积弱斯贫，贫实原于弱也。故此自当以救弱为急务。……学成来京师，誓本素志，广授于人。未几，见从吾学者，瘠者肥，羸者腴，而病者健。乃大喜。"

——《太极拳体用全书》自序

释义：太极拳的兴起，是以杨禄禅（1799—1872）进京为标志性事件，时间在 1840 年前后。此时恰逢西方殖民主义者发动第一次鸦片战争，延续两千年的封建帝制摇摇欲坠，国家逐步陷入战乱之中。民族的危难使得每一位有识之士都萌生了救亡图存的愿望。20 世纪初，发生了八国联军火烧圆明园、辛亥革命、新文化运动和五四运动等事件与思潮，国家依旧贫弱，但中国人民推翻了封建帝制，开始追求科学民主的新生活，并弘扬了伟大的爱国主义精神。

在《太极拳体用全书》自序中，杨澄甫充分表达了自己的认知与心路历程。从起初的认为太极拳只是一个楚霸王项羽都不屑于学习的"一人敌"的搏击术，而是向往"万人敌"的领军强国之术，到认识国家被人欺凌的原因在于贫弱。太极拳的最大功用在于保护自身，在于济世救民。练习太极拳的人群，身体由弱到强，由病到健，强健体魄、充实精神，这样国家才有兴旺强大的基础与希望。杨澄甫由此完成了由一个热血青年向脚踏实地的为国为民笃行者的转变，杨澄甫普及推广太极拳的愿望因此具有了坚实强大的精神基础。

社会经济发展与人均预期寿命

在《"健康中国2030"规划纲要》中，作为健康水平指标的人均预期寿命，从2015年的76.34岁，到2020年的77.3岁，再到2030年的79.0岁。人口平均预期寿命是衡量一个国家、民族和地区居民健康水平的一个指标，可以反映出一个社会生活质量的高低。社会经济条件、卫生医疗水平限制着人们的寿命。卫生医疗水平的提高，人们健康意识的进步，积极开展各类健康运动，都有助于提高人口的寿命预期。

二、钟南山院士对太极拳的认知

从现实社会看，对于任何一种新事物的认可都需要时间去积淀。而当出现新的科技、新的生产力发展因素，导致社会进入新的形态时，对已形成的社会共识也会有所转变，并产生新的认识。这些新认识中，既有积极的，也有消极的。对于中医中药如此，对于太极拳也同样如此。西方科技与医学的发展提供了这方面的佐证。

(一) 钟南山关于太极拳的讲话摘录

2020年9月8日召开的全国抗击新冠肺炎疫情表彰大会上，在抗击新冠脑炎战役中作出卓越功勋的中国工程院院士钟南山，从国家主席习近平手中接过了最高荣誉——"共和国勋章"。德高望重的钟南山院士以重视体育运动、坚持体育锻炼著称。对于太极拳运动，钟南山院士同样具有深刻的见解。在一次活动上，钟南山院士发表了讲话，其中部分内容涉及太极拳运动。笔者对此进行了摘录、整理，如下。

"1972年我在给一个病人治疗的时候，这个病人患淋巴瘤的同时患有慢阻肺，大概四十几岁吧。但是，他已经熬了大概有四五年了，情况还比较好。我就问他，(有这么好的状态)，你做了什么? 吃了什么? 他说我每天都练太极拳。当时我就对太极拳有了一个 (种) 好奇。太极拳真的有这个效果吗? 从那时算起，到现在已经有50年了，我一直对太极拳有一个憧憬——中医这个古老的东西是不是真的对慢性疾病有效?

在我们国家，开展 (中医) 中药 (治疗) 时，解决 (相关的) 思想障碍是非常重要的。(对于) 太极拳也是 (这样)。

我们的罗教授采用了最先进的技术，观察呼吸中枢的兴奋性。因为慢阻肺的兴奋性非常高，隔肌肌电 (音) 活动的兴奋性也高。(通过) 肌肉的收缩力 (等) 这些科学的方法去观察太极拳是不是真的有效。因为他（练太极拳时是）站在那、半蹲等等。我们通过这个来证实了它（太极拳）是有效的，我们是用现代医学的方法来证实的。我们国家这么多的传统临床实践经验，把它们变成循证医学的结果的话会大有可为。在发展我们的中医药时，首先要解决我们某些医务人员中的思想性障碍、思想性禁锢，好好（思考和）学习一下我们中国为什么能够在 40 年走完国外一二百年走过的路？为什么我们在医学医药科技方面不能够有我们自己的一些特色和特点？

太极拳是不是真的有用？经过罗教授他们团队的努力，证实是有用的。而且这在国际上也是被认可的。这次的新闻发布会把太极拳作为亮点提出来，国外都认可了，那么我们为什么不能做更多的发扬与发展呢？"

中华医学会

1915 年 2 月 5 日，中华医学会在上海成立。是中国医学科技工作者自愿组成并依法登记的学术性、非营利性社会组织，是发展我国医学科学技术和卫生事业的重要社会力量。中华人民共和国成立后，中华医学会不断发展壮大，经过百年的励精图治，已经成为党和政府联系医学科技工作者的桥梁和纽带、中国科协学会之翘楚、全国医学科技工作者之家。（资料来源：中华医学会官网）

（二）钟南山院士讲话的背景与意义

作为中国医学界最具代表性的学术组织——创立于 1915 年的中华医学会第 23 届（2005—2010）会长，钟南山院士是医学界的泰斗级专家，其上述讲话客观、真实地反映了太极拳运动的普及、发展和研究现状——太极拳作为一种文明、高雅、健康的运动方式早已脍炙人口，深入广大中国民众包括知识群体之中，并日益成为人们健康生活不可缺少的一部分。但太极拳在普及推广时仍然面临一些问题，有些甚至是比较尖锐的问题。也正是因为存在上述问题，太极拳的普及与发展必须注意克服各种认知上的不足。从钟南山院士的上述讲话顺序上，可以观察其意义大致如下。

一是经过 20 世纪上半叶各门派太极拳传人的努力推广，和中华人民共和国成立后政府的大力提倡，太极拳已经真正深入民心，成为最受广大人民群众欢迎的健康运动方式之一。即使是在"文革"十年，钟南山所治疗的这位病人也把太极拳作为自身康复的重要手段，并且取得了积极、明显的效果。从这段陈述中可以看出，此时 30 余岁的钟南山医生对于太极拳促进健康的重要作用早有耳闻，但出于实证的需要对其还是带有一丝质疑。但他尊重事实，从这个病例开始更加正面地去看待与探索太极拳这项运动的积极作用，并且十分期待在自己的医疗实践和理论探讨中去证明太极拳对于多种慢性病的辅助治疗作用。

二是中医中药作为我们国家传承数千年的瑰宝，在千百年来中华民族的生存与发展中发挥了极为重要的医疗保障作用。但在现代人群中包括医疗卫生界中有一些人对此仍然存在不少的错误认知，甚至是思想障碍。这些思想障碍一般是指那些认为中医不科学、难以实证等的认识。但事实上，中医中药不仅文化上背靠中华优秀传统思想文化，对许多病症具有显著疗效，而且同样可以运用西方医学检测手段去检验，只是人们的固有偏见妨碍了他们去客观地看待中医中药这一中华优秀传统文化。太极拳在中医中药界，大致可以归入运动治疗、辅助治疗领域。20世纪初，太极拳逐渐传入西方，20世纪60年代西方医学界开始对此进行了实证研究，并取得了积极的成果。这为我们打破思想禁锢提供了新的方法和思路。

三是积极鼓励国内医学界的研究与创新，以全新的决心和精神面貌发展与弘扬中国传统医学。目前，国内医学科研界也广泛开展与立项太极拳的运动机理、治疗机理等相关研究，并取得了不少成果。比如上述罗教授采用最先进的技术观察太极拳对于呼吸中枢兴奋性及慢阻肺的治疗作用，结果发现是有成效的。这就给了我们一个重要启示。改革开放40年，我们完成了西方需要100—200年时间的发展历程。我们要以这种苦干实干精神，突破各种思想禁锢，开展包括太极拳在内的中国中医中药传统的深入发掘与研究，把其作为我国医学医药发展的突破口，为全人类的健康事业做出应有的贡献！

中医中药与导引术

中医中药，反映了中华民族对生命、健康和疾病的认识，具有悠久历史传统和独特理论及技术方法的医药学体系。传统中医学认为人体是一个有机的整体，人与自然界具有统一性。秦汉时期，医学的进步，直接带动了导引术的发展。导引是我国古代的呼吸运动（导）与肢体运动

（引）相结合的一种养生术，也是气功中的动功之一，与现代的保健体操相类似。

三、现代太极拳健康养生与实践

场景一：2020 年 2 月 11 日，微信公众号"央视新闻"报道，在国内疫情中心的武汉市为轻症患者建立起来的方舱医院内，由一位患者大爷带领，一些医护人员和患者一起打起了太极拳。

场景二：2020 年 2 月 12 日，同样是"央视新闻"报道，在安徽医科大学第一附属医院的新冠隔离病房内，男护士张超带领轻症患者打起了太极拳。张超说，简单的太极拳招式可以帮助患者适当锻炼，也能帮助他们树立乐观心态。

上述两个场景，生动地体现了太极拳在现代人群中的地位及其普遍认知。太极拳已经全面深入地渗透到人们的生活中。"生命在于运动"是 18 世纪法国思想家伏尔泰的一句名言。现代科技高速发展，人们的工作与生活条件得到极大改善，日常的劳动强度与体力消耗大幅下降，为了保持身体和精神的健康与活力，人们在业余时间广泛开展了形式多样的体育健身运动。比如快步走、跑步、游泳、爬山、各种器械健身，以及气功、导引、瑜伽等偏向于静态的运动方式，而太极拳则早已被公认为是一种动态锻炼与静态锻炼兼备，身体锻炼与精神锻炼兼顾的优秀体育运动项目，而日益受到人们的喜爱与推崇。

有氧运动与无氧运动

有氧运动大致是"有氧参与的"运动之意。其运动时间持续较长并且具有韵律，能锻炼心、肺功能，使心血管系统能更有效、快速地把氧传输到身体的每一个部位。一般认为，无氧运动是指肌肉在"缺氧"状态下进行的高速剧烈运动，其运动时的氧气摄取量非常低。没有运动基础的人可以从有氧运动开始，提高心肺功能、增强体能，然后再增加无氧训练。

（一）太极拳运动与现代养生健康视角

现代太极拳是一种可以同时满足人类五种需求层次的运动（详见后叙）。从普遍的运动视角而言，现代太极拳可以满足人类的许多健康需求。太极拳是一种典型的有氧运动，其运动强度相对无氧运动为低，运动过程的心率不高，而且富韵律性，有节奏，持续的时间可以较长。从一般的运动角度而言，太极拳可以提供一定的、相对持续的运动强度，或是提供给人作为不同运动方式间的一种替换手段。太极拳在运动效果上也可以消耗一定的人体能量，进而达到减肥的效果。在对青少年的运动能力培养上，练习太极拳可以帮助青少年树立起基本的健康理念，养成体育锻炼的习惯。在中老年的心肺功能保持与提高方面，太极拳可以增强其心肺耐力。在太极拳富有节奏的动作练习中，可以增加氧气的供给量，肺部的收张程度有所增加，进而改善肺部的功能；心脏的收缩次数、每次压送出的血液量都能在运动中得到增强。正如钟南山院士所说的太极拳对慢阻肺的改善作用就是这个道理。同时，太极拳也可以显著改善中老年人的运动能力。比如提高中老年人的运动协调性，对于中老年人膝关节功能的改善等。太极拳的上述种种功用，都早已进入社会公众和专业研究领域的视野。

世界卫生组织对健康的定义是，健康不仅是躯体没有疾病，还要具备心理健康、社会适应良好和有道德。心理健康是指心理的各个方面及活动过程处于一种良好或正常的状态。太极拳运动不仅能改善人的身体机能，促进躯体的健康，而且在心理健康上也可以起到显著的促进作用。对于青少年而言，练习太极拳必须树立武德观念；太极拳的群体运动特点，可以帮助他们树立自信、谦和的待人接物习惯，同时可以帮助他们形成稳定的情绪性与身体上的协调性，使其反应能力适度、行为协调，同时具有健全的人格与个性特征。因此，太极拳对于青少年的健康心理和完美人格，可以起到积极的促进作用。对于成年人和中老年人而言，轻缓的、富有节奏感的、同时具有集体和个体运动特征的太极拳运动，可以帮助人们在运动中和交往、交流中形成一定的安全感，促进良好的人际关系；在太极拳练习过程中培养一定的学习能力，树立一定的学习目标；同时，在太极拳运动中培养一定的社会公德心，尊重他人，维护良好的学习和生活秩序。

亚健康是目前十分流行的一个名词，也是社会人群中一种常见的现象，指的是人处在健康与非健康之间的一种状态。有研究表明，亚健康的人数占据人群总数的70%。处于亚健康下的人，表面上似乎仍然健康，但实际上由于受到各种非健康因素的侵蚀，已处在疲乏无力、肌肉及关节酸痛、睡眠紊乱、食欲不振、性功能减退等的状况中。换言之，亚健康是通向不健康的一座桥梁。而太极拳运动，则是公认的克服亚健康状态的一种有效手段。太极拳通过有节奏的、轻缓的运动方式，不仅可以调节人的身体机能，而且可以调节人的心理状况。而恶劣的心理状况，一般认为正是导致亚健康的最重要因素之一。太极拳运动因此成为公认的，能够促进人类健康的举足轻重的一种手段。

（二）传统视角下的太极拳健康养生方式①

太极拳从发现到今天，已经成为全社会公众包括全世界公众都认同的一种增进身体健康与心理健康，增进人与自然和谐发展的优秀运动项目。太极拳植根在中华 5000 年文明的丰厚土壤之中，其思想理论基础与中华民族的传统文化紧密地联系在一起。太极拳运动的健康养生功能与中华民族的传统道家思想及其医学思想一脉相承，有着自身特定的话语体系与思想体系，形成了特定的具有内在特点的健康养生方式。

气与炁

气的本义是自然界均匀扩散的第三态物质、食物消化而产生的肠胃气体，后引申为人体原始的气态精华能量。老子《道德经》中有"万物负阴而抱阳，冲炁以为和"句。在道家，炁指的是先天元气，受之于父母的"元精"所化生，又称"元炁"。在古时，气功又可以称为炁功，两者的概念在一定程度上存在通用的情况。

---

① 张巧霞. 太极之理在中医学中的体现［J］. 河北学刊，2011（06）：201-204；太极拳和中医学之间，存在这么多相通之处［EB/OL］. 搜狐网，2017-11-20.

1. 太极拳与传统中医学的结合

中医是中国优秀传统文化宝库中的一部分，具有博大精深的内涵。太极拳作为中华优秀文化的一分子，同样是依附在传统文化特别是道家文化之上的，与中医学说具有许多的共通点。

首先，是阴阳论。

众所周知，中医理论的基础是阴阳，以及在阴阳基础上衍生的五行观（金、木、水、火、土）。《黄帝内经·素问》中说道："人生有形，不离阴阳""阴平阳秘，精神乃治"。意思是说，人本身就是阴阳的一种存在，人的阴阳保持平衡，外邪就难以侵入，人就不会得病。而阴阳平衡一旦受到破坏，人得病也就可以预期了。另外，中医也直接使用类似"阴虚""阳虚"这样的词汇对病人进行描述与诊断，并据此对症下药。太极拳也同样建基于阴阳理论之上，阴阳就是太极拳的立意之本，所有的思辨与实践都与阴阳紧密相连。比如"动"与"静""开"与"合""走"与"粘"等都是阴阳对立的概念。《太极拳论》中写道："动静之机，阴阳之母""阴不离阳，阳不离阴；阴阳相济，方为懂劲"。

其次，是气机论。

气是中医的重要概念，比如精与气、气与血、正气与邪气等。气在中医中又进行了分类，比如元气、宗气、营气、卫气等。可以说，气是中医的重要理论与实践基础之一。在太极拳中，对于气的描述与中医有所不同。首先，太极拳是对气在人体内状况的描述，比如"虚领顶劲，气沉丹田""气遍身躯不稍滞""腹内松静气腾然"等；其次，对气在人体内的生成要求，比如"气宜鼓荡，神宜内敛""意气君来骨肉臣""意之所至，气即至焉"等。总体而言，气在太极拳中是必不可少的基本概念。而气的存在与运行，气对人体的滋养，正是太极拳之所以成为人们健康保障的基本内涵之一。

最后，是整体论。

中医注重从整体的角度进行辨证与施治，有"天人合一"之说。中医认为，人自身是一个整体，人与自然、社会也共同构成了一个整体。对于人的健康不仅必须关照到身体的每一处细节，所谓"牵一发动全身"，而且与外界的气候、其他地理环境和人的社会境遇，比如人的情绪等也紧密相连，因此，中医的施治是所有这些因素综合考虑的结果。太极拳的整体观与中医的整体观具有一定的联系，但又不完全重合。比如，太极拳的整体观，在张三丰《太极拳经》中这样写道，"一举动，周身俱要轻灵""由脚而腿而腰，总须完整一气""周身节节贯串，无令丝毫间断耳"等，这些都是对身体整体性的要求。整体性既是太极拳对自身运动特点的要求。要练好太极拳，以整体的观点和方法去看待是一条必由之路，而这与太极拳健康养生的目的是并行不悖、相辅相成的。在目前的中医界，对太极拳的学习、钻研成为提高自身认知能力和治疗能力的手段，也传出了许多医、拳结合的佳话。

天人合一

天人合一，是指中国古代哲学中关于天人关系的一种学说。指天与人的关系紧密相联，不可分割。强调天道与人道、自然与人为的相通和统一。传统中医之道，讲究天人合一，即人要顺天行道。"天"就是大自然，"道"就是规律，也就是说人要顺从大自然的规律行事养生，天地人彼此和谐平衡。

2. 太极拳具有主客观相结合的养生机理

太极拳是一种具有深厚传统文化根基的优秀健康养生方式，是一种在主客观相结合中生成的养生机理。

主观方面又划分为两个层面。

首先，太极拳济世救人的情怀。太极拳先人们在主观上就是以强壮国人的体魄、促进国人的健康为己任。在太极拳经典中，有"想推用意终何在，益寿延年不老春"之语，也有"欲天下豪杰，延年益寿，不徒作技艺末也"等之语，说明在长期的生产活动和长期的社会实践中，太极拳先人的认知与格局都得到了升华，已然站在人类发展的高度去要求太极拳和发展太极拳。

其次，不少身患疾病者的主观要求。健康需求事实上是许多练习者进行太极拳锻炼的动因。部分是年少时身体不适，比如罹患肺炎、心脏疾患等，在当时医疗条件不佳的情况下，家长送患儿练习太极拳用作治疗的目的。事实上，正是在因患疾而练习太极拳的青少年群体中，不少人成为了一代名师。而在生活水平和医疗水平大幅提高的今天，许多风华正茂的青壮年也不得不面对亚健康问题；也有许多中老年人深感运动机能下降，或是罹患慢性疾病，也在寻找适合自己长期练习的运动项目。太极拳以其完美的口碑而进入这些人的视野。

在客观方面，必须充分认识到太极拳是一种技能型、养成型的运动形式。通过练习太极拳，以达到健康养生的目的，这既是一种目标，也是一种过程，更是一种结果。大多数的练习者把健康放在练习目标的首位，这在生活水平日益提高的今天，是无可厚非的。在下定决心后，就是学习和练习的过程。这是一种长期、细致的学习过程。许多人发现，看似简单的太极拳基本动作，比如说"起势"，却常常难以做到位。高级的太极拳课程，甚至要求练习者改变自身力的运用方式，并颠覆其对人体运动规律的认识。重在学习、重在长时间的坚持练习，有时甚至是枯燥乏味的练习，这才是太极拳练习的真实过程。也只有经历了这一过程，练习者的运动能力得到了提高，才能达到健康养生的目的。任何只注重结果，不注重过程的想法都是不足取的。

3. 太极拳的健康养生作用无可替代

如前所述，太极拳的健康养生作用主要来源于太极拳能力的生成和提高过程，但不可否认的是，太极拳能力提高过程本身就已经具有一定的健康养生作用。简化太极拳 24 式是目前流传最广、最受民众欢迎的健康锻炼套路，其学习者一般目的明确，都是为了获得健康的身心体验。事实上，这一简化套路也确实具有一定的健康价值。中老年人习拳之后，不仅身体的协调性变好了，也不会崴脚了，人的精神面貌也焕然一新。这都是拜太极拳所赐。同时，国外对于太极拳运动机理的研究，大多数是基于简化太极拳 24 式。至于传统太极拳套路练习者，则在着熟、懂劲、神明等不同阶段有着不同程度的体验，收获不一样的健康成果。当气机游走在身体的每一个角落，当人在每个练习层次上都得到不一样的体验与收获时，没有一个人会轻视太极拳对人类健康的养护作用。

外一篇：太极拳——可以满足各种需求的运动

马斯洛需求层次理论由低至高，构成金字塔型的需求层级，其中包括生理需求、安全需求、社交需求、尊重需求、自我实现需求五个层次。

其中生理需求是级别最低，但也是最基本、最必须满足的需求，其中包括食物、水、空气、性欲、健康等，属于人的基本生存需求。安全需求同样属于较低层次的需求，包括人身安全，生活稳定，免遭痛苦、威胁、疾病等需求。社交需求属于较高层次的需求，指要求与他人建立感情联系或关系，包括友谊、爱情等需求。尊重需求也属于较高层次的需求，指自尊和受到别人的尊重，包括成就、名声、地位、晋升机会等。尊重需求既包括对成就或自我价值的个人感觉，也包括他人对自己的认可与尊重。自我实现的需求是最高层次的需求，指人追求实现自己的能力或者潜能，并使之完善化。只有前面四项要求都得到满足，这个层次的需求方可产生。这是一种衍生性的需求，如自我实现、发挥潜能等。

太极拳作为一种风靡全球的现代运动方式，恰巧可以基本同时满足人的这五种层次需求。这也是太极拳广受欢迎的原因之一。同时，太极拳有"着熟""懂劲""神明"三个层次，可以归纳到相应的需求层次中。

一是生理需求。习练太极拳可以令人保持心态平衡、稳定，可以让人身手敏捷、反应迅速、精力充沛，同时可以保证人的基本健康。这些，都是人从事获取食物、制造工具等基本生存和生产活动时必须具备的基本技能和条件。

因此，太极拳可以满足人的最基本的生理需求。

二是安全需求。人的生存和生产，不仅需要一定的安全感，而且必须处在一定的安全环境中。习练太极拳，可以全方位地提高人的各项运动素质，可以提高搏击的技能，在面对大自然或是社会中的挑战与威胁时，更有能力脱困，更有能力为自己和家人提供保护。同时，太极拳可以提高人的体质，减轻自己所面临的健康威胁。因此，太极拳可以在一定程度上满足人的安全需求。在太极拳的层次论中，生理需求和安全需求可以归入"着熟"这一基本层次。

三是社交需求。随着生理需求和安全需求得到满足，人的社会属性使其开始产生社交的要求。人要求自己在某个群体或是组织中找到归属感，找到友谊，甚至找到爱情。太极拳的习得，也需要一定的社会交往环境。太极拳是一种注重传承的运动，一个成功的练习者，必然有一个成熟的交往环境——老师（师傅）、同学（师门）等。在这个环境中，只有具备良好的行为，方可以得到优秀的传承；也只有良好的行为举止，才可以得到同门的认可，并在交流中使技艺得到提高。一个成熟的有作为的练习者，必定具有良好的行为能力，并在集体中找到归属感。社交需求可以归入太极拳层次论中开始超脱"着熟"层次，初步进入"懂劲"层次的练习者。

四是尊重需求。这种需求包括自尊、被尊重等层面，属于人的高级需求。自尊的需要使人相信自己的力量和价值，使得自己更有能力和更有创造力。被尊重的需要是他人对自己的认可尊重，往往与成就、名声、地位、晋升等联系在一起。尊重需求建立在社会需求之上，这不仅是个人的进步，也是社会的进步。在太极拳中，只要方法正确又勤学苦练，其个人的能力就会得到不断的进步，并因个人体质、天赋的差异而生发出不尽相同的技能与特长，这些都成为练习者自尊与被尊重的基础。尊重需求一般出现在"懂劲"中后期的练习者身上。

五是自我实现需求。这是最高层次的需求。这一需求许多时候超越了利益的算计，只是追求个人生活目标的自我实现，并发挥出自己的最大潜能。比如追求自己行为的社会价值最大化，比如不断地让今日的自己超越昨日的自己等。在太极拳练习者中，其太极拳技能已经达到完满和大同的程度，并已经脱离了单纯的对技艺的追求，转向精神上的满足，比如追求人类健康生活的博大胸怀等。这一需求对应的太极拳层次就是"神明"。

四、太极拳经典中的健康思想

有人认为，太极拳能力的养成与健康养生目标的达成是同步进行的。这种观点具有一定的合理性。在太极拳经典中，处处体现了各位宗师对于练习者太极拳能力提高的深度关照。同时，这些关照的健康价值也客观地作用在练习者身上，使得广大练习者在技艺提高的同时，身体与意志都得到了淬炼，身体素质也一个台阶一个台阶地得到了切实的提高。散见于各部经典中的健康思想，看似无序，实际上却有一套内在的逻辑把它们串连起来，这就为全人类切实利用太极拳提高身体素质与生命质量提供了可行的路径。

（一）经典节选

"太极者，无极而生，动静之机，阴阳之母也。"

——王宗岳《太极拳论》

释义：太极者，生于无极。无极是道的一种存在方式，无边、无尽、无限、无终、无止。太极拳练习者在套路之初就要进入虚无、空灵状态，彻底地放空自己，把自己融入天地之间。现代社会运行节奏快，信息覆盖强度高，人们身体与精神受到的压力大，太极拳提倡的这种无极状态可以起到良好的舒缓减压作用。太极中又蕴含着动与静、阴与阳，这是大自然与人类的存在方式与运行方式。只要动静相宜、阴阳协调，人就会获得健康。

"虚领顶劲，气沉丹田。"

——王宗岳《太极拳论》

释义："虚领顶劲"为上、为开、为阳，"气沉丹田"为下、为合、为阴。在人体中阴阳共处一体，安排妥当方能达到养生、健康的目的。太极拳在练习与养生中必须明白知晓阴阳、动静的平衡机理。

"一羽不能加，蝇虫不能落。"

——王宗岳《太极拳论》

释义：经过长时间的训练，练习者的器质变化是显而易见的。练习者的神经系统会得到增强，神经末梢会更加的敏感。这意味着练习者与外部世界的联系与沟通更加的通畅与密切，更有充分的条件进行身体功能的增强与改善。

　　"变转虚实须留意，气遍身躯不稍滞。……刻刻留心在腰间，腹内松静气腾然。"

——王宗岳《十三势歌》

释义：练习者以意为先，专注于太极拳套路动作的折叠往复，专注于以腰部的动作去引领全身的动作，这不仅使得全身气机流动，腹部也因气机的升腾而获得难以言表的舒畅感。

　　"……全身意在精神，不在气。在气则滞。有气者无力，无气者纯刚。"

——武禹襄《十三势》行功心解

释义：气在太极拳中是一个非常独特且值得练习者去玩味的概念。如前所述，在太极拳练习中，气在全身的流转可以起到滋养身体、增进健康的作用。在所有的太极拳经典中，对气的重要作用都持非常重视、肯定的态度。但在此处却貌似出现了部分练习者认为是矛盾的论述——"……全身意在精神，不在气。在气则滞。有气者无力，无气者纯刚。"练习者之所以认为这当中存在矛盾，是因为他们没有全面深入地钻研与领会经典，而且在实践上存在重大缺陷所至。实际上气是在意（精神）的引导下，正确练习太极拳套路动作的产物，是正确练习太极拳后所产生的一种身体现象与感受，是一种结果。练习者不能把结果当成手段，片面追求气在身体中的流转。这样，本末倒置，不仅使得自己的进步缓慢，并且会使得身体受到不良气息的影响以致罹患疾病。武禹襄的注解非常简洁、到位地说明了这个道理。

"……意之所至，气即至焉。如是气血流注，日日贯输，周流全身，无时停滞。"

——杨澄甫《太极拳十要》

释义：如此以意为先，以腰为轴，坚持不懈地练习，那么气机必然每日都流转在肌体的每一个角落，时时刻刻地滋养着练习者的身体。

"入门引路须口授，功夫无息法自修。……想推用意终何在，益寿延年不老春！"

——王宗岳《十三势歌》

释义：太极拳学习强调寻求明师，要在明白拳理老师的言传身教下以极大的毅力坚持学习。具有如此的学习态度与精神，又何愁不能达到益寿延年的目的呢！

"一举动，周身俱要轻灵，尤须贯串。气宜鼓荡，神宜内敛，毋使有缺陷处，毋使有凸凹处，毋使有断续处。……周身节节贯串，无令丝毫间断耳。"

——张三丰《太极拳经》

释义：练习太极拳套路，由始至终都要求动作必须轻快、敏捷，同时动作之间环环相扣、松柔平顺、自然过渡、一气呵成，切忌动作的突兀，以及生硬的中断和拼接。在健康养生上，这种注重节奏、圆润融通的精神与态度，将使得我们的健康锻炼达到举一反三、事半功倍的效果。

"太极拳，乃柔中寓刚，绵里藏针之艺术……而最要紧者，是在逐日自身之锻炼。"

——杨澄甫《太极拳之练习谈》

释义：太极拳在柔和中蕴含着刚强，在绵柔中潜藏着锋锐，这些貌似矛盾的元素的相互结合中达到了完美的艺术般的高度。充分认识太极拳的本质固然重要，但更重要的是我们在此基础上持续、永恒地坚持锻炼，以自己的坚持去收获锻炼带来的健康与愉悦。

（二）太极拳经典中的健康、养生思想综述

王宗岳《十三势歌》中写道，"想推用意终何在，益寿延年不老春！"传统武术包括太极拳，与健康养生具有天然的不可割舍的联系。我们把武术、太极拳与健康养生的联系划分为基础观、气机观、养成观等三个思维层级。

1. 基础观

成熟的中华武术门类都建基于中国传统的哲学思维上，都有着深厚的民族文化思想根基与内涵。比如诞生、成长于佛门的少林武术与佛教有着千丝万缕的联系；而太极拳则与道家有着密不可分的联系。道家的思想精髓是"道"，世界观是"阴阳"，这也体现在太极拳上。道和阴阳既是一种哲学观，也是一种生活观，太极拳经典著作将两者完美地结合在一起。王宗岳《太极拳论》中写道："太极者，无极而生，动静之机，阴阳之母也。"世之始为无极，然后生化为太极，而太极的存在方式是"动静"和"阴阳"。这与道家思想有异曲同工之妙，《道德经》第四十二章中写道："道生一，一生二，二生三，三生万物。万物负阴而抱阳，冲气以为和。"说的就是这个道理。

太极拳的实践基础同样是无极，是"虚"和"无"。这不仅体现在整个套路之始的身体与意念调整上，例如"虚领顶劲"，也体现在对"松"与"柔"的要求上。可以说，道之"虚"与"无"直接对应了太极拳的松与柔。太极拳要求在练习中真正做到大松、大柔。在健康养生中，虚、无和松、柔，同样具有实践意义。太极拳在起势之前，要静默数秒，彻底放空身心，达到"无极"状态，并以此作为整体套路练习的基础。换言之，虚、无、松、柔正是太极拳的本义。文章《太极拳养生，松柔者长寿》中认为，太极拳的松柔，能够促使人体气血畅通，有利于人的健康长寿。《道德经》中也写道："抟气至柔，能婴儿乎？"意为松柔如婴儿状，回到原始初生的状态，这不就是一种令人万分推崇向往的健康形态吗！

阴阳这一道家世界观同样贯穿于太极拳的始终。阴阳的要义，一是对立，二是统一。而统一在某种程度上也可以说是平衡。太极拳的方方面面，无不深度融入了各种阴阳理念。比如动与静、虚与实、开与合、进与退、上与下、内与外等。在太极拳练习中，必须能够辨别这些对立关系，并且能够不断地从旧的平衡状态进阶到新的平衡状态，达到"阴阳相济"的目的。这也是练习者不断进步的过程。而在健康养生中，也是通过太极拳运动和其他运动、饮食、治疗等方法，促使身体从旧的不适的平衡状态向新的相对健康的状态转变，并不断地向着自己的健康目标迈进。

而从虚无（松柔）与阴阳的关系看，对于太极拳的进阶而言，起先是从无（无极）到有（阴阳），进而在不断的对阴阳的雕琢中，追求新的虚无目标。对于健康养生而言，则是通过不断的运动与调理，使身体回到新的健康平衡状态，并使得人们对自身的健康管理达到新的境界。

2. 气机观

气机，就是关于"气"的运动机理。在太极拳经典中，气是一个内涵十分丰富的概念，同样地，气也是太极拳健康养生的核心理念之一。王宗岳《太极拳论》首先引入气的理念——"虚领顶劲，气沉丹田"。需要指出的是，这里首次出现的"气"，是在与"虚领顶劲"相对立的场景中出现，并不是没有意义的。"虚领顶劲"是意念上的向上提起，以帮助练习者立身中正。正是在这种意念的引领下，气方可作为其对立物而出现。很自然的，我们会提出这样一个问题，气是否就是意念下的产物呢？这值得我们深思。王宗岳在《十三势歌》中进一步深化了气的内涵——"变转虚实须留意，气

遍身躯不稍滞。……刻刻留心在腰间，腹内松静气腾然。"这两句
话，实际上深化了笔者的上述思考。其一，在"变转虚实"和"须
留意"的基础上，方会"气遍身躯"，才能做到"不稍滞"。其二，
也是在"刻刻留心在腰间"的基础上，方会"腹内松静气腾然"。
意和气显然是一种因果关系。在杨澄甫的《太极拳十要》中，同样
很直白地指出——"意之所至，气即至焉。"就是说，意到才能气
到。那么，在太极拳中，意和气两者间的地位和作用如何？练习者
是否必须把自己的全部注意力放在对气的生成和养护上？武禹襄在
《十三势行功心解》中指出——"全身意在精神，不在气。在气则
滞。有气者无力，无气者纯刚。"也就是说，练习者必须把注意力放
在以意念去领动各种动作，切不可把注意力放在气的运行与引动上。
把注意力放在气，只会引发动作和气机的滞重，结果只能适得其反。
这不仅不能达到太极拳运动的目的，而且会对人的身体健康造成不
良的后果。

　　太极拳经典对气的论述，有三个特点：一是重视气的存在与价
值。不论是相对于"虚领顶劲"的"气沉丹田"，还是"气遍身躯
不稍滞""腹内松静气腾然"，气都是不可忽视的存在。在传统中医
理论上，气是一个内涵丰富的概念。气既是生命的存在方式之一，
也是人体抵御外部不良因素侵袭的坚强屏障，健康的身体必然会受
到气的护佑。太极拳则更多地从气的运行和生发机理去探讨气对人
体健康的作用。太极拳认为，其以意念领动的动作可以促使气在身
体内的不断流注；而太极拳动作中注重松静的状态，本身也会造就
气机在体内的升腾，并不断地淬炼着身体。在这种气机的流注与升
腾中，是人们对身体健康的良好预期。二是揭示气的生成机理。在

太极拳经典著作中，对于气的生成机理的认知是前后连贯、高度一致的。这个认知就是，气的流注是因意而生。只有用意"虚领顶劲"，方才有"气沉丹田"；只有"变转虚实须留意"，方可"气遍身躯不稍滞"；只有"刻刻留心在腰间"，方才"腹内松静气腾然"。"意之所至，气即至焉。"即是说，没有意的引领，气是不可能在体内流动的，也就不可能达到健康的目的。三是警惕气的反客为主。综上所述，在太极拳的健康观中，意是手段，气是目的；但我们必须注意两者的主从关系，切不可让气反客为主。在太极拳中，只须关注意的正确引领即可，只要其是正确的、到位的，气即会自己翩然而至。反之，时刻关注气机在体内的流动，则会适得其反，甚至会对身体造成损害。

3. 养成观

太极拳能力的养成并不是一蹴而就的，而是要经过相当长时间的磨炼方可达到成功的目标。同样地，借助太极拳进行人的健康管理与养成，也必须经过长时间的艰苦努力，才能达到健康身心的目的。

太极拳能力的养成和健康目标的达成，要从下面两个维度进行努力。

一是从太极拳的自身特性维度着手。

太极拳的特性维度，就是太极拳区别于其他运动和武术项目的属性。王宗岳《十三势歌》中写道，"入门引路须口授，功夫无息法自修。"太极拳重在传承，师傅的口传面授至今为止都是太极拳入门的最好方式。在师傅的教导下，学生必须刻苦磨炼，"功夫无息"，才能得到太极拳的真传，才能改变体质，得到健康的体魄。

当代社会，随着网络信息技术和新媒体技术迅速发展，出现新的传承方式具有一定的可能性和可行性。这使得太极拳能够普及到更广泛的人群，为更多有需要的人提供良好的健康保障。但即使传承方式有所创新，也同样要求学习者刻苦地、长期地坚持锻炼，这一点任何时候都不会改变。

张三丰《太极拳经》中写道，"一举动，周身俱要轻灵，尤须贯串。……无使有缺陷处，无使有凸凹处，无使有断续处。……周身节节贯串，无令丝毫间断耳。"连贯、轻柔、圆润、畅顺都是太极拳运动的重要特点。太极拳练习时必须避免滞重、避免要求练习者生硬地去改变劲力的速度和方向，去无谓地增强自己的力量……松与柔既是太极拳运动的本质，也是太极拳练习的手段。既然如此，那么太极拳的动作特征必然是圆润的，式与式之间的连接也必然是连贯的。这就是"节节贯串"的道理所在。同样地，通过太极拳运动能力的提高，练习者的身体素质也会得到质的改变，健康就会随之而至。

二是从太极拳锻炼的时间维度着手。

太极拳的时间维度既明确又直接，就是一个字——"恒"。只有具备恒心与毅力，持之以恒、坚持不懈地练习，方能达到成功的目标。无论前面提到的王宗岳的"功夫无息法自修"，还是杨澄甫在《太极拳十要》中的"日日贯输，周流全身"，和"最紧要者，是在逐日自身之锻炼"，都突出了一个持之以恒的问题。反观自身，大师们之所以不厌其烦地强调坚持与恒心，就是因为许多的练习者缺乏这种坚持的品质，以致难有所成，健康的目标也就难以实现。因此，解决好恒心这个前提性条件，方可言及其他的提高性问题。

第二节 现代太极拳与现代技击

一、技击：太极拳的应有之义

近年来出现的一系列充满负能量的网络负面事件，竟然使传统优秀文化与体育项目——太极拳身处风口浪尖。尤其令人不解的是，能不能"打"竟然成为质疑太极拳的口实。事实上，太极拳之所以能够风靡海内外，深入人心，凭借的就是其身上的两个显著标签——健康与技击，以及由太极拳的深邃拳理与实践所带来的深厚文化内涵。太极拳的技击能力，不仅有着各种脍炙人口的动人传说，而且几乎所有参与这项运动的练习者，只要从事了正确、长久的练习，都可以亲身体验到太极拳的技击功能。太极拳无疑是一项具有高超技击能力的优秀武术种类。但不可否认的是，在由传统向现代转型的过程中，太极拳也要克服自身的不足，力争以新的形式发展自身，以新的形象向世人展现太极拳的现代风貌。

近年来的太极拳网络负面事件

近年来，网络爆发了系列太极拳负面事件，主要的有阎芳事件、雷雷事件、马保国事件。据网上资料，阎芳，女，生于1954年，第五届河北省武术协会副主席。2017年前后，阎芳拍摄于2012年的录像被网络公开，录像中其对徒弟的夸张发劲动作受到公众的广泛非议。2017年，网络爆出雷雷与格斗教练徐某格斗 10 秒被击败的录像。此事件掀起轩然大波，所谓的"太极雷雷"以一己之力几乎把太极拳推入危机之中。同样在 2017 年，自称浑元形意太极掌门人的马保国演出了一场约架又报警的闹剧。2020 年，马保国复出，再次上演了一系列闹剧。《人民日报》为此发表评论，警示这种丑恶现象和背后推波助澜的商业力量。

（一）太极拳技击的起源与发展

明代文学家、思想家黄宗羲（1610—1695）创作的《王征南墓志铭》中写道："少林以拳勇名天下。然主于搏人。人亦得而乘之。有所谓内家者，以静制动，犯者应手即仆。故别少林为外家。盖起于宋之张三峰。三峰为武当丹士，徽宗召之，道梗不得进。夜梦玄帝授之拳法，厥明以单丁杀贼百余。"这是一篇为时较早的、比较清晰地指出内家拳起源与特点的历史文献，也有人认为这是一篇披露太极拳起源的文献。张三峰亦称张三丰，道家集大成者，是杨氏太极拳指认的太极拳创始人。张三丰的内家拳由玄帝在梦中传授，技术特点与少林外家拳形成鲜明对比，是一种"以静制动"的武术形式，"犯者应手而仆"；并且威力惊人，"以一人杀贼百人"。黄宗羲此说的公信度得到认可，其对内家拳的描述与太极拳的特点高度重叠，是揭示太极拳起源和技击内涵的经典性文献。

在现代武侠小说中，张三丰是一个"高大上"的文学形象。最突出地表现在金庸的武侠小说中。在《倚天屠龙记》和金庸系列作品中，张三丰又名张真人，是一位宗师级别的武林巨匠，其太极神功出神入化，但又宽厚待人，被江湖豪杰所敬重和敬仰。就是这样一位巨匠，同样也是有血有肉，有对徒弟和徒孙的亲情，也难免受到对手的围攻和暗算。金庸武侠小说中的成功艺术描写和对太极拳内涵的细致描绘，把太极拳的内在价值全方位地展现在广大读者面前，从文学角度树立起太极拳的正面形象。

把视线放到明朝。民族英雄、杰出军事家、抗倭名将戚继光（1528—1588）著有兵书《纪效新书》十八卷。在该书的十四卷即"拳经捷要篇"，编列了三十二式拳谱，其中的部分式名分别是：第一式"懒扎衣"，第二式"金鸡独立"，第三式"探马势"，第四式"拗单鞭"……第九式"下插势"……第十一式"高探马"……第十六式"伏虎势"……第二十四式"单鞭势"等。这与今天流行的太极拳式高度契合。戚继光认为，这些动作可以使士兵"活动手足，惯勤肢体"，并运用到士兵的身体素质等基础训练中；同时，三十二式"势势相承，遇敌制胜，变化无穷，微妙莫测"，指明了练习套路与战场杀敌有着密切的联系。

我们可以从上述三个角度，包括黄宗羲的散文、金庸的作品和戚继光的兵书等去认识太极拳技击的内涵与价值，并且从中树立起太极拳技击立体的、可信的形象。事实证明，太极拳技击不仅是历史的，同时也是现实的，并将长远地存在于中华民族乃至世界的文化传承中，成为全人类的共同财富。

戚继光和他的《纪效新书》

戚继光（1528—1588），字元敬，号南塘、孟诸，登州人，明朝抗倭名将，民族英雄，杰出的军事家、书法家、诗人。戚继光领兵抗击倭寇十余年，扫平为祸多年的倭患，确保了沿海人民的生命财产安全；镇守北方，抗击蒙古部族内犯，保障了北部疆域的安全。练兵是戚继光的突出重要军事特色与贡献，《纪效新书》和《练兵实纪》既是其军事斗争经验的总结，也是其练兵的依据。《纪效新书》名列戚继光军事著作首位，体现了其杰出的军事思想，具有突出的军事价值。

（二）太极拳技击实践与理论

传统太极拳从来没有回避自己的技击功能，原因在于技击就是太极拳本身的题中应有之义。同时，高超的技击能力也是太极拳立足传统武术之林的最大因由。事实上，杨露禅、孙禄堂、陈发科等太极拳巨匠都为太极拳技击赢得了广泛的赞誉。

杨露禅（1799—1872）三下陈家沟，师从陈长兴，用十余年时间学到太极拳精髓。其后杨露禅把太极拳带到北京，在京城这一藏龙卧虎之地，向世人展现了其过人的太极拳高超技艺，赢得"杨无敌"的美誉。杨露禅之子杨班侯，技击能力同样高超，同样也赢得了"杨无敌"的称号。与此同时，杨露禅在京城各阶层广泛传授太极拳，为太极拳走向全国乃至走向世界奠定了坚实的基础，是当之无愧的近代太极拳第一人。

孙禄堂（1860—1933）集八卦掌、形意拳、太极拳三大内家拳技艺于一身，且三种技艺都达到炉火纯青的地步，堪称武术奇才。孙禄堂丢弃门户之见，在接受与习得太极拳后，融会贯通，创立了孙氏太极拳，自成一家。孙禄堂同时著有《太极拳学》等重要武术专著。孙禄堂武功卓绝，德高望重，以武入道，是近现代太极拳的标志性人物之一。

陈发科（1887—1957）生平跨越 19 世纪与 20 世纪，是陈氏太极拳承前启后的一代大师。陈发科是陈长兴（杨露禅之师）的曾孙，父亲陈延熙是时任总统袁世凯儿子们的武术教师。1928 年陈发科应著名武术教育家许禹生之邀赴京教学。陈发科的太极拳技艺高超，是太极拳界和武术界公认的一代传奇。同时，陈发科教学有方，培养出洪均生、李剑华、雷慕尼、田秀臣、陈照奎、李经梧、冯志强等大批优秀学生，为太极拳的传承与发展做出巨大的贡献。

杨露禅、杨澄甫、孙禄堂、陈发科以及其他一大批的太极拳传承者，为后人留下了丰富的太极拳技击实践与理论，成为中国乃至世界的宝贵精神财富。

（三）太极拳技击理论与技击特点

各部太极拳经典，从本质上而言，都是旨在对练习者进行技击能力的提高、雕琢与磨炼。比如《打手歌》中，"掤捋挤按须认真，上下相随人难进""任他巨力来打我，牵动四两拨千斤""引进落空合即出，粘连黏随不丢顶"各句，都是对技击的要求与描述；又比如《十三势歌》中亦有"静中触动动犹静，因敌变化示神奇"句，其练习的目的就是迎敌。而被奉为太极拳第一经典的王宗岳《太极拳论》，就是一部太极拳技击思想的集大成者。

1. 具有战胜对手的充分自信

对手不一定是敌人，战胜对手也许是对对手的最大尊重。王宗岳的《太极拳论》充满了豪迈的英雄主义思想。文中说道，"英雄所向无敌，盖皆由此而及也！""观耄耋能御众之形，快何能为？""……渐至从心所欲"。在这里，太极拳可以"所向无敌"；高龄老人亦可"御众"；而从懂劲开始，只要继续钻研，就可以达到"从心所欲"的神明境界……一个人或是一个民族，没有自信必将一事无成，一种技艺同样如此。太极拳技击正是建立在这样的充分自信和大无畏英雄主义基础上。

2. 技击重在明理

王宗岳《太极拳论》循循善诱，对于练习者的理论与认识发展过程进行了不懈的指导与点拨。"无极"与"阴阳"也许是达到懂劲和神明层次后方可以顿悟的深层次认识，但是王宗岳仍然毫不迟疑地把其列入太极拳的最基本认知中，个中深意令人赞叹。在具体的行为认知上，王宗岳更是不厌其烦地进行了细致的解读。比如动与静就是阴阳的最基础解读，动为阳，静为阴，动时为分，静时为合。但动与静是相对的，是相互包涵并随时转化的，即"静中触动动犹静"（《十三势歌》）。在技击中，动也许是发、是打，但实际上，动也不能排除是引和化的手段；同样地，静看似被动，主化和引，但实际上静也许才是最高超的发与打。这就是太极拳阴阳理论带给人们在技击上的辩证思考。

3. 技击的前提是提高自身、适应对手，进而战胜对手

太极拳技击能力的提高是一种养成的过程，没有一蹴而就的"惊喜"，需要日复一日地磨炼和领悟。王宗岳《太极拳论》明确指出了太极拳技击由着熟到懂劲再到神明的进阶过程，每一个阶段都要经历"用力日久"的磨炼，每一次提高都是一次由量变到质变的飞跃，其表现形式就是"豁然贯通"的过程。高阶的练习者，可以达到"一羽不能加，蝇虫不能落，人不知我，我独知人"的境界。能达到这种地步，当然就是"所向无敌"了。太极拳技击最忌主观，

强调因敌而动，"动急则急应，动缓则缓随"。对手未动而己方妄动，则失败可期。因此，"舍己从人"在太极拳中成为了基本要求之一。太极拳练习者要在技击中获胜，最关键的是要全方位地提升自己。而提升自己的两条出路，就如同王宗岳《太极拳论》中所指出的，一是切实按照太极拳的要领去长期地进行训练。比如"不偏不倚""立如秤准，活似车轮""粘即是走，走即是粘"等，都要求练习者一丝一毫地切实予以遵守。二是要勤于思考。比如"双重之病未悟耳"，就是指练习者不去思考双重这个问题，必然导致"不能运化"，从而使得自己在技击中被对手击败。同时，也只有勤于思考，"默识揣摩"，方可以在技击中达到"从心所欲"的地步。

（四）太极拳技击的局限与未来发展方向

如前所述，太极拳技击有着辉煌的过去，也有着契合中国传统文化的技击理论与实践体系。但同时我们也要看到，自杨澄甫定型杨氏大架和写出《太极拳十要》等之后，太极拳的实践与理论发展较为缓慢。其中既有太极拳的理论建构已经比较完善等合理的成分，也存在着某种固步自封思想的因素。特别是进入全球化时代，网络通讯技术得到极大的发展，人们的视野得到极大的开阔，人们对于传统武术技击具有了与以往不一样的要求，这也使得太极拳技击的弱点受到了聚焦与放大。

目前人们对太极拳技击的质疑主要聚焦在能不能"打"上。不少的社会公众认为，太极拳并不能打，更适合于老年人的健康养生。也有不少中青年，最崇拜的是西方的"综合格斗"，他们觉得慢悠悠的太极拳根本上不了竞技台。近年来出现的一些恶劣网络现象，加深了社会公众的这种负面认知。

我们认为，公众的这些认识既有不足之处也有可取之处。不足之处是许多公众对太极拳的负面评判都是基于从众与肤浅的认识上，他们既不了解太极拳，更没有练习过太极拳，大多是人云亦云。可取之处是，这些公众的观察确实触动了太极拳的问题，那就是太极拳的现代博击竞技能力存在着明显的缺失。

我们要认识到，传统武术包括太极拳博击竞技能力的缺失并非始于今天。从史料可以看到，1929年的首次全国武术擂台赛，获得第一名的是王子庆，其最大的"绝招"就是抗击打能力强。太极拳参赛选手在此次比赛中未能进入前15名。而且，直到今天的竞技博击擂台上，也鲜有太极拳练习者的身影。

探究太极拳现代博击竞技能力缺失的原因，一是社会的发展使其原有形态与属性显露不足。即使杨澄甫在20世纪二三十年代对太极拳进行了改造与定型，仍然没有从根本上脱离原有的藩篱，这为太极拳博击竞技能力的走低埋下了伏笔。拳击从19世纪末20世纪初进入中国，其作为近现代工业化的产物，本身具有一定的科学基础与体系发展属性。这种现代性质也被中国之后发展的散打大部分继承。二是受到上述属性的限制，太极拳博击竞技的体系化发展能力不足。其中包括体能训练不足、对抗能力不足、抗击打能力不足和技战术设计能力不足等。另外，现代博击竞技得到了运动医学、社会心理学等学科的支持；在现代网络社会，甚至得到传播学、营销学的支持。而在这些方面，太极拳都存在不足。

如何建构太极拳现代博击竞技体系，使太极拳技击适应时代发展的需要，这成为所有支持太极拳发展人士共同关心的问题。太极拳必须更新观念，寻找到一条新的发展路径，以满足太极拳发展的需要，并向全世界更好地推广中国的太极拳文化。所幸的是，在 20 世纪 70 年代末，中国的体育管理部门以中国传统武术为基础，结合拳击等现代竞技项目，开发了散打这一有中国特色的搏击竞赛项目。经过数十年的发展，散打大致形成了自己的竞赛与支持体系。太极拳现代搏击竞技能力的发展可以建基于散打的基础上，吸收散打的技术优势，发挥太极拳的特有优势，形成自己的核心竞技能力与体系。

二、散打的技战术特点与训练①

散打又称"角力""相搏""技击""手搏"等，作为中国武术的一种类型，与太极拳同根同源。相比于 20 世纪 60 年代开始逐步风行世界的自由搏击，散打具有浓郁的中国武术特色。散打注重实战性，其竞技与训练体系对于太极拳的发展都具有重要的借鉴意义。

（一）散打的来源与特点

散打是搏击术或称格斗术中的一种，是中国武术的一种擂台竞技方式，在中国历史上发展久远。

远古社会，人类需要凭借简单的工具进行劳作、生产，并猎取动物充当食物，以及保护人类免受猛兽的侵害。这就要求人们必须具备一定的搏击能力与搏击技巧，由此产生了搏击的萌芽。进入氏

---

① 本部分内容主要参照以下书籍和网站：王智慧. 散打技术实战训练［M］. 北京：人民体育出版社，2012；周争蔚. 散打教学与训练［M］. 北京：人民体育出版社，2010；孙永武，丁兰英，徐诚堂. 散打［M］. 福州：福建科学技术出版社，2013；刘凤虎. 优秀男子散打运动员体能训练理论与实践［M］. 北京：知识产权出版社，2018；应守伟，陈扬. 散打［M］. 重庆：西南师范大学出版社，2013；翟磊. 现代散打技法解析与训练研究［M］. 北京：中国书籍出版社，2019.

族社会和阶级社会后，人类要解决难以调和的矛盾与纷争，唯有采取战争这一终极手段，这就直接促进了搏击的发展。随着人类科技的发展和社会的进步，兵器、阵法、谋略等战争手段得到充分的发展，单个士兵的肉搏逐步减少，但搏击仍然作为磨炼士兵意志与体魄的良好手段而受到人们的推崇。同时，在社会矛盾相对缓和阶段，人们的生活相对稳定，社会经济得到一定发展，搏击就会成为古代社会人们为数不多的娱乐、观赏活动之一。

古时的搏击也可以称为散打，其运动形式具有高度的对抗性，并在明朝发展为"打擂台"的竞技方式。进入现代，散打经历了这样一些发展阶段：在 20 世纪二三十年代的民国时期，先后举办了第一届和第二届"国术国考"，从无护具到有护具，比赛形式不断得到改进；1979 年开始进行了全国武术对抗项目表演；1993 年的第七届全运会，散打被正式列入比赛项目；1998 年第十二届曼谷亚运会，散打被列为竞赛项目；2003 年，在中国上海举办了第一届世界杯武术散打比赛，成为中国散打运动发展的里程碑。

综合而言，散打具有如下一些属性和特点。

一是散打具有鲜明的体育竞技属性。散打不是好勇斗狠，不是街头斗殴，而是由国家体育管理部门组织开展的有序的体育竞赛项目，以锻炼人们的体魄、磨炼人们的意志为目的，崇尚阳刚、坚强的性格特征。散打有规定的竞赛规则，有统一的比赛场地、比赛服装要求，规定了禁止击打部位和提供护具以保护运动员，注重维护散打运动的文明形象。

二是散打具有浓郁的民族特征与民族属性。如前所述，散打项目具有悠久的历史和鲜明的民族特色，是中国传统武术竞技特点的集中体现。20 世纪 70 年代末期中国恢复散打项目的第一批教练员和运动员，都是从传统武术人才队伍中选拔。中国民族悠久的抵御外敌侵略的光辉历史，对于民族英雄的崇敬，对于传奇武术人物的景仰，都为竞技性散打运动的开展奠定了深厚的社会基础。

三是散打具有突出的观赏属性和商业属性。散打是国内商业开发最成功的体育项目之一。散打的"打擂台"竞技方式，具有极高的观赏性和商业开发价值。尤其在信息流动高度通畅发达的网络时代，可以塑造一批散打"战神"，可以凝聚一批热情的"铁粉"，从而实现商业价值的最大化。同时，散打等项目的商业开发并非无序的开发，始终把社会效益摆在第一位。不同于国外的拳击、自由搏击等项目，中国散打没有进行博彩业开发。

（二）散打的技战术特征

说起散打，不少人会拿其与自由搏击相比较。自由搏击又称为站立式格斗，也有人称其为综合格斗。国内也有"昆仑决""武林风"等著名品牌在推广自由搏击运动。世界上各地的优秀搏击术，只要能够击败敌人，都可为其所用。换言之，优秀的散打运动员可以参与自由搏击运动，但自由搏击运动员受规则和技术动作养成之所限，未必可以成为一个散打运动员。但作为一种后进的运动体系，散打对于自由搏击、柔道、跆拳道等的借鉴与吸收都是显而易见的。经过数十年的发展，散打已经成为一项具有自身技战术体系与训练体系的高对抗性竞技项目。

"打""踢""摔"是散打在对抗或是竞赛中的三种基本技法。而传统武术中的"拿"法，因为使用的是反关节技术，对人体的破坏力过大，不允许在竞赛中使用。

"打"一般指的是拳法。散打的拳法有"冲拳""贯拳""抄拳""盖拳""弹拳"等划分法，也有"直拳""摆拳""勾拳""鞭拳"等划分法。其中"冲拳"大致对应"直拳"，"贯拳"大致对应"摆拳"，"抄拳"大致对应"勾拳"。手是人进行劳动、生活、使用工具的最重要肢体，也是进化得最全面、灵巧的肢体。同样地，在搏击中使用手的"打"，是运用频度和运用方式最多的攻防技术，它的击打距离最短，击打速度最快。在散打中，挥拳可用于进攻，格挡可用于防守。在实际运用时，也可以把单个拳式组合起来使用，比如"冲拳"与"贯拳"的组合等。这种方向与角度都有所差异的组合进攻方式往往令对手防不胜防，从而达到更好的进攻效果。

"踢"法使用的是运动员的脚和腿。在散打中，主要的脚法有正蹬腿、侧踹腿、鞭腿、劈腿、摆腿等。相比于人的上肢，下肢具有力量大、隐蔽性高、攻击距离长等特点，是散打中克敌制胜的重要手段。运动员合理使用腿法，不仅动作优美、观赏性强，而且时常能够一招制敌，并容易被观众认可为是运动员的一种"绝招"。而通过交流引进的"膝"法，大致可以归入腿法之中。

"摔"是散打中非常具有民族特色的一种技法，时常有不熟悉这种技法的国外选手被摔得"七荤八素"，败下阵来。散打中的摔法具有动作速率快、震慑力大的特点，其主要技法包括接腿摔和近身摔两种。掌握良好的摔法技能可以在攻防转换的瞬间化被动为主动，帮助选手取得竞赛的胜利。

散打技战术一般划分为三种——进攻技战术，防守技战术，防守反击技战术。

进攻在竞赛方面的词义采取攻势，战胜对手之义。而进攻技战术就是使得这种攻势最优化的方式与方法。有研究认为，进攻技术一般分为直线技术与弧线技术两种，但在比赛中更多的不是采取单一的进攻手段，而是这两种方式的充分组合。防守在词义上是守卫、把守之义。以我方立于不败之地，等待战胜敌人的机会是防守的要义。有研究认为，防守战术一般分为"接触式防守"和"不接触式防守"两种。接触式防守是指对抗中的格挡或是拍挡，使对手击出的拳或腿偏离预定的落点，减轻或消除对手的进攻意图。不接触式防守是指防守中的躲闪，通过脚步或是身体的快速移动来躲避对手的攻击。通过脚步的灵活移动保持适当的攻防距离是防守的要义。防守的根本目的是战胜对手。因此，散打设计了许多防守反击技战术，连消带打，以达到出其不意地战胜敌人的目的。

而在战术原则上，一般有"攻防平衡原则""控制与反控制原则""知己知彼原则""灵活多变原则"等。在战术形式与应用上，有"主动进攻战术""反击战术""佯攻战术""游击战术""心理战术"等。从这些战术可以看到，一个成功的散打运动员，不仅要具备纯熟的基本功和出色的运用技术动作的能力，而且要有出色的判断力、决策力和执行力，成为一个具备全面能力，全面发展的运动员。

散打的距离与节奏

散打是综合实力的较量，在比赛中，通常是能力强的选手获得胜利。距离与节奏就是散打比赛的两个重要因素。距离也可以称为距离感。在散打的进攻与防守中，有进攻距离感、防守距离感、防守反击距离感等。因此，要准确把握有效的攻击距离、抢攻距离、反击距离。在散打中，节奏包括动作节奏、战术节奏、进攻节奏、防守节奏等数种。节奏的要义是建立好我方的攻守节奏，同时适应对手的攻守节奏，用改变节奏去出其不意地战胜对手。

（三）散打的训练体系

训练的词义是"有计划有步骤地使具有某种特长或技能"。同时，训练是指有计划有步骤地通过学习和辅导掌握某种技能，是一种有意识地使受训者发生生理反应，从而改变受训者素质、能力的活动。在散打运动中，把一个普通的年轻人转变为一个合格的甚至是优秀的散打运动员，靠的就是相关的专业训练。

目前散打运动的主要训练方式有"力量训练""速度训练""柔韧训练""耐力训练""灵敏与协调素质训练"等五种，一些研究者还会加上"功力训练"。力量、速度、耐力训练大致可以归入散打专业能力训练；柔韧、灵敏与协调、功力训练可以归入散打专业素质训练。散打训练既要培养运动员的力量与体能，也要训练运动员在竞赛中的反应与本能，其中包括对抗中的下意识反应。也有的研究人员要求开展智力训练，提高散打运动员在比赛中的随机应变能力，以及战术设计与执行能力。

训练的意义

训练是指有计划有步骤地通过学习和辅导掌握某种技能。训练是有意识地使受训者发生生理反应，从而改变受训者素质、能力的活动。和教育一样，训练也是培养人的一种手段。重点有二点，一是受训练者起先并不具备某项特定技能；二是通过学习和练习掌握这种技能。

（四）民族化是散打的未来发展方向

如前所述，散打运动经过多年的发展，经过广大教练员、运动员和专业研究者的努力，日渐成型，得到了专业领域和社会各界的广泛认同。但时间进入 21 世纪，世界在发展，中国在进步。中国经济发展蒸蒸日上，中国文化在全球得到广泛认同与传播，中华民族的伟大复兴向人们愈行愈近！散打作为建基于中国武术文化基础上的对抗项目，也必须抛弃固步自封的思想，以自身的鲜明民族特色成为中华文化走向世界的一个组成部分。"只有民族的，才是世界的"这句格言深刻地揭示了散打的发展方向。

散打的民族性要从以下三个方面展开。

1. 体现中国传统文化

只有作为民族文化的一部分，方能被社会所认可和推广。中华民族 5000 年文明绵延不绝，从未间断，是世界四大文明古国中的唯一延续到今天的文明形态。在某种意义上，文明就是文化的同义词。中华文明既有诸子百家和灿烂的艺术等唯系人们精神大一统的柔性的一面，也有自强不息的尚武精神、民族精神，不断战胜民族敌人的军事艺术、军事思想等刚强的一面。前者的博大精深可以使对手深深地折服甚至被同化，后者则可以守护好我们的民族家园，不断地使我们的民族转危为安。进入 21 世纪 20 年代，世界各国除了经济、外交、军事等硬实力的竞争以外，还在进行文化、艺术、社会凝聚力等软实力的竞争。包括散打在内的竞技体育，也归入软实力范围内。承担一定文化交流任务的散打，既要融汇民族文化中刚强的一面，也要融汇其中柔性的一面，以全面地展示我们的民族文化。尤其在青少年教育的责任上，散打可以是一种民族文化的符号，同时也要承担培养青少年刚正不阿、一往无前、自立自强精神的重任，成为广大青少年和家长喜闻乐见的强壮体魄、防身自卫的一种运动方式。

2. 要建立独特的符号系统

在上述深刻文化内涵的基础上，学习同处东亚的柔道、跆拳道等优势项目，建立散打的整套文化理念与识别系统，向世人充分展示中华优秀体育竞技文化的魅力。

3. 引入传统武术训练精髓

我们没有任何理由漠视优秀传统武术。在广大教练员和运动员的努力下，目前的散打运动基本形成了一定的竞技和训练体系，也形成了自己的影响力，确属难能可贵。但散打也确实存在与传统武术运动联系不够紧密等问题。比如在柔韧、灵敏与协调、功力训练等专业素质训练中，传统武术中的太极拳等可以提供非常出色的训练手段，非常值得我们进一步地去发掘与借鉴。

三、太极拳经典中的技击思想

今天的太极拳承载着巨大的文化使命，也寄托着人们维护身心健康的重任，其实世人真正了解太极拳的发端是因为其出色的技击能力。杨露禅与杨班侯父子也因此被赞誉为"杨无敌"。太极拳的技击思想充分体现在其各部经典中，比如在《太极拳论》《太极拳经》《十三势歌》《打手歌》《太极拳十要》中的各种论述，许多被视为技击的练法或是对太极拳技击的客观描述俯拾即是，另有不少是对太极拳用法的论述。把这些论述运用到太极拳的技击思维与技法中，才能帮助人们真正地理解太极拳的精要所在。

（一）太极拳经典中对于技击的论述

"人刚我柔谓之'走'，我顺人背谓之'粘'。……粘即是走，走即是粘。阴不离阳，阳不离阴；阴阳相济，方为懂劲。"

——王宗岳《太极拳论》

释义：技击本质上是对阵双方的攻防转换，胜利的一方肯定是较好地解决攻防转换问题的一方。太极拳自身具有独到的技击攻防体系。在太极拳技击体系中，一方（通常是敌方）主动硬进，处在进攻状态，称为"刚"；另一方（通常是我方，后发制人）则避其锋芒，或是接，或是引，或是化，或是打，总体上处在防御状态，称为"柔"。这种人刚我柔的状态称为"走"。同时在太极拳技击中，双方都必须争取攻防的主动权。在太极拳中，主动权并不单指进攻，而是指对局面的控制力。这种控制力可以是身法上化被动为主动的转换，更重要的是意念与劲力的反应及其化被动为主动的转换。具有这种控制力的状态称为"顺"，失去控制力的状态则为"背"。而一直保持我方"须"，使得对手"背"的"我须人背"状态称为"粘"。总体而言，走是被动状态，粘是主动状态；走是阴，粘是阳。在太极拳技击体系中，攻中寓防，防中寓攻，在一念之间即可完成攻防的转换。这就如同阴阳两者间的关系一样，攻防必须相互转化与融合，只有这样才能称之为懂劲。"我顺人背"是太极拳技击的最基本要领之一。

"人不知我，我独知人。……立如平准，活似车轮。"

——王宗岳《太极拳论》

释义：经过正确的长期的训练，太极拳练习者会具备超出常人的感知能力、攻防转换能力和控制对手的能力，对手的一举一动早已被我方尽收眼底，而我方的一切对手浑然不知。如此一来，胜负不言自明。同时，太极拳要求在技击中既要立身中正、支撑八面，又要身形灵动、首尾相顾。这种貌似矛盾的要求，实则是彼此存在的必要条件。只有立身平准，意气内敛，方可敏锐地感知各种外部因素，为活似车轮创造条件；也只有活似车轮，对外部的各种因素做出最恰如其分、最及时的反应，方可使身体保持立身平准。

"静中触动动犹静，因敌变化示神奇。"

——王宗岳《十三势歌》

释义：太极拳的基础是阴阳，动与静是各种阴阳关系中的一对关系，并被运用到技击中。太极拳提倡含蓄与内敛，主静主阴，讲求因敌而动，后发制人。但讲求静，并非否定动。动与静互为因果，互为对方存在的条件。在王宗岳《太极拳论》中，也有"动之则分，静之则合"一句。技击时，要静中寓动，动时含静；动是为了化与分，静是为了合与发。在技击时根据对手的状况进行动静的转换，必然会获得神奇的效果。

> "捋挤按须认真，上下相随人难进。任他巨力来打我，
> 牵动四两拨千斤。引进落空合即出，粘连黏随不丢顶。"
>
> ——王宗岳《打手歌》

释义：《打手歌》字义上是针对太极推手创作的歌诀，实际上也反映了太极拳技击的基本原理。技击关乎到个人的性命荣辱，当然必须认真对待，其中包括认真对待自己和自己的对手。技击时，只要做到内外相合，上下相随，对手就必然难以突破我方之防御。在技击中，对手会倾尽全力奋力一击，我方则不动声色，以轻巧之力把对手拨到一边。对手的进击也引动了我方之内劲，因此在化解对手进攻的同时可以发放对手。技击时关键是对对手动态的把控，要在"不丢不顶"中战胜对手。

太极拳的"不丢不顶"

王宗岳《打手歌》"引进落空合即出，粘连黏随不丢顶"。不丢是指在对方收缩时保持对对方的接触与压力，并通过保持接触控制住对手，使竞技向着有利我方的态势转变。不顶是指当对手向我方施加压力时，及时化解对手的机锋，引、化、发一体，变对手的主动为我方的主动，进而战胜对手。

"一举动，周身俱要轻灵。"

——张三丰《太极拳经》

释义：技击时最忌滞重。久练太极拳者，身形如萍浮水，难以捕捉，方可立于不败之地。

"其根在脚，发于腿，主宰于腰，形于手指。由脚而腿而腰，总须完整一气。……有不得机得势处，身便散乱，其病必于腰腿求之。"

——张三丰《太极拳经》

释义：太极之劲贵在完整一气，因此又称为整劲。只要在长期的练习中坚守由脚及腿，由腿及腰，然后再到手指的劲力运行次序，在技击中就必然可以最大限度地发挥自身的整体威力。如果在技击中身形散乱，就必然是平日里训练不符合要求所致。

"腰为一身之主宰，能松腰，然后两足有力，下盘稳固。虚实变化，皆由腰转动。故曰'命意源头在腰隙'。有不得力，必由腰腿求之也。"

——杨澄甫《太极拳十要》

释义："松腰"是《太极拳十要》的第三要。腰在身体中处在连接上下的枢纽位置，在某种意义上可以称为人的主宰。技击时，看似上肢特别是手、掌、拳等起了很大作用，出了很大风头，实则

219

其中的关键是松腰。只有松腰，下盘才能稳固，双腿方可发力，上肢才有整劲。如果在技击中受挫，必定是在平日的训练中腰腿放松不到位所致。

"太极拳用意不用力，自始至终，绵绵不断，周而复始，循环无穷。"

——杨澄甫《太极拳十要》

释义：太极拳认为，在技击中，双方比拼的不是力气，并非力气大者就一定会取得胜利。在技击中，要用意去感知对手，在有意或无意中充分调动我方的潜能，做出最好的应对，就必然可以立于不败之地。这种高超的意的运用能力，是在平日的训练中，注重动作节奏的连绵不断、循环往复，并通过长期的持之以恒的训练才能得以养成的。

"……周身轻灵，其根在脚。非具有松沉两种功夫，不易办到。"

——郑曼青《杨澄甫秘传口诀十二则》

释义：郑曼青有"五绝老人"之称，是杨澄甫的十大弟子之一，编创了37式郑子简易太极拳。郑曼青认为，太极拳练习者在技击中如同不倒翁，难以击倒。之所以有如此轻灵的身法，关键之处在于其有轻灵的脚步。而具备这种脚步与身形轻灵的原因，就在于平日的练习中注意松沉这两个法则。松是太极拳常见的练习要求，那么为何沉也是一种练习法则呢？郑曼青先生同样给出了答案——"如能松透，即是沉……沉即不浮……气沉，则神凝，其用大矣。"沉的反义词是轻。但沉并非滞。练习时的沉，可以转变为应用和技击中的轻灵，这是太极拳阴阳转化原理的体现，也是太极拳的神奇所在。

（二）太极拳经典的技击思想综述

以上只是太极拳经典中对于技击的论述的一部分，但我们仍然可以从中认识和总结太极拳的技击思想，这对于我们全面认识太极拳的功效，进而全面认识太极拳具有重要启发意义。综合而言，笔者总结出"攻防转换和控制原则""相对原则""整体原则""基础原则"等几项技击思想与原则。

1. 太极拳技击的攻防转换原则和控制原则

如前所述，太极拳技击同样讲求攻防转换与对技击局面的控制。攻防的关键是要做到"我顺人背"，具体来说就是弄懂"走"与"粘"这两个概念及其相互关系。这可以从两个层面去思考。首先是把"攻""防"两者区分开来。在《太极拳论》中"人刚我柔谓之'走'"中的"走"就是防，"我顺人背谓之'粘'"中的"粘"就是攻，不作区分就难以建立基本的攻防理念。其次，"攻""防"两者是融合在一起的，在技击中是难以区分的。紧接上句的是"粘即是走，走即是粘"，也就是说，在技击实践中，要攻中带守，守中有攻；或是说，攻即是守，守即是攻。这样，即"粘"又"走""粘""走"融合，达到完美和下意识的程度，方可称为太极拳的"懂劲"。孙子兵法云：知己知彼，百战不殆。太极拳同样强调用自己的独到技艺去把握局面，进而战胜对手。《太极拳论》中写道："人不知我，我独知人。"经过长久的、正确的练习后，太极拳练习者具备超常的感知力，稍一接触即探知到对手的实力与弱点，这就为掌控局面，进而战胜对手提供了前提条件。

2. 太极拳技击的相对原则

太极的本质是阴阳，动与静也是一对阴阳关系。而这种阴阳关系是相对而言的，这是我们理解的太极拳技击相对原则的基础。在王宗岳《太极拳论》中，有"动静之机，阴阳之母也。动之则分，静之则合"句；在《十三势歌》中，有"静中触动动犹静，因敌变化示神奇"句。动静就是阴阳，相互对立相互转化。动为阳、为分、为入，静为阴、为合、为出。静因触然后动，动亦非妄动，动中同样存静、寓静。因此，在对手进攻时，其会受到两种力道的打击，一个他自身发出的攻击力，作用力越大反作用力也越大；另一个是受攻击者被触发时产生的回击劲力。但是，多数时候这并不是两种力的简单叠加，而是取决于被攻击者的功力，功力越深当然回击的力道越大。在博客上，笔者说过一句让人不容易理解的话，"太极拳威力最大的时候不是在他主动出击的时候，而是在他相对静止的时候。"说的就是这个道理。

3. 太极拳技击的整体原则

太极拳的整体原则可以简略为一个"整"字，也有人称为"整劲"。《打手歌》中有"掤捋挤按顺认真，上下相随人难进"句，意为只要长久、认真地按照各种要求练习太极拳，就可以达到周身一家、上下相随的效果，技击中对手的企图就难以达成。张三丰《太极拳经》中有"一举动，周身俱要轻灵""由脚而腿而腰，总须完整一气"等句，说的就是无论进攻还是防守，全身都要轻灵飘忽，令对手难以捕捉；同时，这种完整、轻灵整劲的习得过程，并不神秘，而是来自诸如"由脚而腿而腰"这样的太极拳基础性训练。因此，是否具备整劲，是平时训练正确与否的试金石。"牵一发而动全身"是一句常见的成语，比喻触动极小的部分就可能会影响到全局。切换到太极拳场景中，触动一点所引发的"全身"和"全局"性反应就具有了整体性的意义。因此，在太极拳技击中，具有整劲的人的力道不是分散与割裂的，而是一动俱动、周身一家。太极拳的整体原则说的就是这个道理。

4. 太极拳技击的基础原则

有句熟语称：基础不牢，地动山摇！太极拳技击也分外注重打好练习者的基础。比如松腰，杨澄甫在《太极拳十要》中指出，"能松腰，然后两足有力，下盘稳固"。练习者如果不松腰就不会具备整劲，想在技击中获胜就毫无指望。又比如太极拳重在意动。杨澄甫在《太极拳十要》中写道，"太极拳用意不用力，自始至终，绵绵不断，周而复始，循环无穷。"练习者长期在意的指引下进行练习也许会觉得枯燥乏味，但在技击实践中可以体会到意与无意是一对相对的概念，都可以在技击中起到举足轻重的作用。再比如要做到周身轻灵，关键是在长期的练习中坚持脚的松沉，否则在技击中极易被对手捕获到重心而导致落败。对此，郑曼青在《杨澄甫秘传口诀十二则》中写道，"周身轻灵，其根在脚。非具有松沉两种功夫，不易办到。"因此，我们可以得出结论，练习者要想在技击中有所作为，就必须扎扎实实地打好太极拳的基础，否则便是不切实际的妄想。

四、太极拳技击的发展与创新

太极拳技击是太极拳的本质属性之一，也是太极拳标志性的表现形式之一，绝非一些人所认为的那样是可有可无的，更不是不复存在、逐渐消亡的。太极拳技击同样具备鲜明的文化属性，中华文明绵延5000年离不开人们的勇敢、自强精神与强健的体魄。要全面发展太极拳运动，要在世界上继续引领太极拳的发展方向，就必须高度重视太极拳的技击作用。进入现代，竞技运动的发展突显了传统太极拳技击的局限性，借鉴国外甚至是国内相关运动项目的训练方法是提高太极拳技击能力的关键。但借鉴必须建基在深厚的传统太极拳的基本理念基础上。要以现代太极拳理念为导向，全面提高太极拳的技击能力与素质。

（一）从文化创新视角发展太极拳技击

首先，发展太极拳技击可以帮助我们坚定信心、守护家园。尤其是在经济、社会发展逐步迈向发达程度的今天，我们更要塑造自强和勇敢精神，守护好我们的家园，保护好我们的建设成果。太极拳技击的普及与推广，可以帮助我们强壮民族的体魄，坚定民族的毅力，保持民族战胜一切困难的信心。

其次，技击能力是太极拳对外交流中必须具备的核心竞争力。文化价值、健康价值、技击价值是太极拳走向世界，也是世界认识太极拳的三个基本维度，缺少其中的任何一个维度都不是完整意义上的太极拳。太极拳是人类的共同宝藏，作为太极拳的发源地，我们必须全力发掘与发展太极拳的技击内涵，向世人推介完整的太极拳体系。

最后，技击是太极拳对青少年吸引力的关键性因素。祖国的未来是青少年，太极拳的未来发展也寄望于广大青少年。要对青少年产生足够的吸引力，不能单纯依靠文化内涵，也不能单靠强力的推介，而是要以丰富多彩的表现形式和足够多的流行元素，使得青少年和家长对太极拳产生浓厚的兴趣，进而积极参与到这项运动中来。这就必须精心设计太极拳技击的内容与表现形式，充分发挥其既能锻炼身心又能防身自卫的作用，以在青少年人群中进行深入的普及与提高。

（二）创新太极拳的训练与技击技法

太极拳技击在现实中存在着诸多问题，亟待创新与改革。客观而言，目前的太极拳技击确实存在着较多问题。2017 年前后，社会上出现了雷某与徐某约架风波，引发了一股舆论风潮。抛开其中的是非曲直，太极拳技击能力的不足被袒露在世人面前。一是技击水平相对低下，竞技能力较弱。目前不单是太极拳，其他传统武术项目都存在对抗能力薄弱的问题，用一句大白话来说就是传统武术"不能打"。社会舆论的聚焦点也在于此。随着社会的进步和各种媒体的发展，解决好"能打"问题是所有传统武术项目包括太极拳在内的职责所在。二是缺失基本的训练手段，难以适应高强度高对抗要求。从一般的体育竞技而言，良好的竞技水平取决于良好的训练水平。目前的现状是一方面太极拳部分训练功法失传或是因为训练太过艰辛而被主动放弃，另一方面是训练强度距离高强度对抗的要求有着极大的距离，这样自然难以满足高强度对抗的要求。很明显，太极拳技击要解决高强度对抗问题，就必须进行科学的高强度训练。三是不适应时代发展的要求，存在固步自封思想。进入 21 世纪 20

年代，太极拳技击要适应时代发展的要求，就必须跟上时代发展的脚步。要主动适应现代技击运动的方式与节奏，创新训练的方式方法，提高训练的强度，以呈现全新的符合时代要求的现代太极拳技击面貌。

体现太极拳技击能力的最佳场所是拳台。太极拳技击必须主动对接各种搏击规则与技术，要有在拳台上见高低的勇气与能力。中国散打源自中国传统武术，其主动对接国际徒手搏击运动，虽然还存在一些问题，但也初步树立起中国搏击运动的形象。太极拳技击要脱离小圈子式的孤芳自赏，主动引入散打的训练与比赛手段。这既丰富了散打运动的文化内涵，提高了散打运动的形象，太极拳也可以从中得到助益，增加对青少年爱好者的吸引力，从而使太极拳运动步入良性发展的轨道。

要切实改进训练方法，全面提高太极拳技击选手的体能、技击能力、抗击打能力与心理素质。散打的训练手段直接、高效，值得太极拳技击学习。一是体能训练。散打体能训练中交叉进行有氧无氧训练，大幅度地提高了运动员的体能，适应了高强度比赛的要求。二是专项技能训练。散打适应拳台比赛的要求，注重对拳、腿、摔等技法训练，解决了能打的问题。三是战术组合与比赛经验。散打注重边训练边比赛，或是以赛代练，可以有效提高运动员的综合进攻与防守能力，最重要的是可以提高运动员的比赛经验。散打运动的上述所长也是太极拳技击之所短。放低身段，虚心学习，可以使太极拳技击的综合竞技能力得到极大的提高。

（三）坚持太极拳的基本理念是现代太极拳技击创新的基础

要全面领会与掌握太极拳传统技击理念。引入散打的训练手段与竞技技能，并非抛弃太极拳的传统理念与技击手段，相反必须十分注重发挥太极拳的运动特点，建立起自身独特的竞技优势。太极拳的技击注重控制与转换原则、进攻与防守的相对原则、"牵一发动全身"的整体原则等，都是太极拳技击能力的倍增器。

要加强而不是弱化传统太极拳技击能力的训练与建设。太极拳传统技击能力的养成不是靠想象得来的，而是靠训练得来的。要建立专业的现代太极拳技击训练体系，既要引入散打的训练与技术，又要建立起运动员的太极拳专项能力。要在《太极拳论》《太极拳十要》等传统经典理论的基础上培养运动员的太极拳专项能力，坚持传统套路训练，并在训练中大松、彻底地松，注重用意念与腰部去带动四肢运动。最重要的是，相关散打体能与技术训练要有意识地在整体性、相对性等太极拳原则基础上进行，逐步培养出现代太极拳技击的独特能力与优势。

要坚持现代太极拳理念下的技击理论创新与实践创新，发展永不止步。现代太极拳技击的理念与实践是一项全新的创新性事业。进入 21 世纪 20 年代，世界与中国都进入新的发展阶段的起点，太极拳事业也面临着全新的发展要求与发展机遇。在技击发展方面，太极拳要引入以散打为代表的现代徒手搏击运动的高强度体能训练方式与高对抗性竞技技能，同时坚持太极拳的基本特色。在传承方式方面，要积极探索改变现有的传承方式与手段，引入现代培训理念，创新培育方式，扩大培育基数，使太极拳真正进入社会的各个层面。在理论架构方面，要以传统经典太极拳理论为基础，建立全新的现代太极拳理论架构，突破思想的桎梏，为太极拳的改革与发展提供强大的理论基础。

中国太极拳的发展有三个方向：第一个方向是向外。确立中国太极拳在世界太极拳中的主导地位，引领世界太极拳运动的全面发展。第二个方向是向深。要引导太极拳运动的正规化、理论化发展，构建相应的理论体系和实践体系，开展各层次的太极拳专业教育。第三个方向是向里。太极拳运动要把发展眼光瞄准青少年一代，只有青少年接受的、喜爱的运动形式，才是有前途的运动形式！

后 记

用两个数字来表示本书的成书历程，分别是 30 和 5。

30 年前，笔者在一个很偶然的机会走上学习太极拳之路。笔者想要写作一本太极拳书籍已有多年，5 年前开始着手进行。虽然文字工作是笔者的本行，但写作一本书还是首次。为此，笔者专门开设了自己的博客，目的一是训练思路，二是训练笔头。

作为一名资深的太极拳爱好者，想要告诉读者朋友，太极拳的能力是客观存在的，学习得法会使你的身体向好的方向转变。另外，要告诉读者朋友的是，学习太极拳需要耐心与恒心，没必要速成，也不可以速成，而要让太极拳一直陪伴着自己。

作为太极拳的故乡，中国的太极拳爱好者和练习者要具备一定的担当与责任。诞生太极拳的思想根源和群众基础都在中国，我们不仅有责任在国内推广普及太极拳，也有责任引领世界太极拳的浪潮，为人类的健康事业做出自己的贡献。

在此，欢迎广大的学习者、爱好者共同思考，一起去完善现代太极拳的架构，一起去发扬光大太极拳这一民族文化瑰宝。

谢 华

2021 年 8 月于广州